Hedwig Becker
Erfolg-Reich Geld sparen!

1. Auflage

ISBN 979-8-6736-0199-0

Kontakt:
Christian Giesen
Ulhausgasse 15
52379 Langerwehe

Covergestaltung: Christian Giesen

Coverfoto: pixabay.com

Inhaltsverzeichnis

Einleitung

Du suchst nach Möglichkeiten, um effizienter mit deinen dir zur Verfügung stehenden Mitteln umzugehen? Die aktuelle wirtschaftliche und gesundheitliche Lage bereitet dir Sorgen? Du suchst Einsparpotential und wertvolle Tipps, womit im Monat mehr von deinem Geld übrigbleibt?

Viele Menschen denken, sparen wäre eine Entbehrung, da man auf was verzichten muss, was aber in den meisten Fällen überhaupt nicht so ist. Dieses kurzweilige und schnell zu lesende Buch gibt dir über 50 Tipps aus der Praxis mit auf den Weg, die sofort deine Situation verbessern, sodass du mehr Geld und Zeit im Monat übrighast.

Möglicherweise bist du vor Kurzem arbeitslos geworden und hast nur noch rund 60–70 % deines letzten Nettolohns zur Verfügung und MUSST nun sparen oder hast es einfach satt, von Bankberatern, Versicherungsmaklern oder sonstigen Verkäufern telefonisch wie persönlich genervt zu werden. Vielleicht bist du aber schon länger auf der Reise, dir ein kleines Vermögen aufzubauen und suchst nach weiteren Tipps, um schneller an dein Ziel zu kommen. In jedem Fall wirst du, unabhängig davon in welcher Situation du dich gerade befindest, hilfreiche Ratschläge und Anregungen zur direkten Umsetzung für dich finden, welche du unmittelbar in deinen Alltag integrieren kannst.

Grob solltest du nach der Lektüre dieses Buches gelernt haben, wie du besser dein Bares zusammenhältst und es dir nicht mehr unbemerkt durch die Finger gleitet, an welchen Stellen du aufpassen solltest, wie du deine Konten vernünftig strukturierst und den Geldfluss automatisierst, wie du weniger Steuern zahlst und wie du dein hart verdientes Einkommen sinnvoll, langfristig für dich arbeiten lassen kannst.

Ich wünsche viel Spaß beim Lesen!

Was ist Geld?

Du wirst dir jetzt denken: „Was ist das für eine Frage?“ Geld ist natürlich ein Schein mit einer darauf befindlichen Zahl, die anzeigt, wie viel € ich in den Händen halte, um mir was zu kaufen.

Richtig, aber warum existiert das Geld in Münzen und Scheinen, egal, welcher Währung es angehört?

Früher hat der Bauer sein Schwein auf dem Markt dem Bäcker angeboten. Da die Wertigkeit eines kompletten Schweins gegen ein Laib Brot etwas unverhältnismäßig ist, hat er im Gegenzug dafür beispielsweise 50 Laibe Brot bekommen. Diese kann man aber alleine innerhalb weniger Tage nicht essen, bevor sie ungenießbar werden. Deshalb wurde ein Finanzsystem eingeführt, in dem es möglich ist, Waren und Dienstleistungen zu konservieren und später wieder gegen etwas Anderes einzutauschen, ohne dass es verdirbt.

Die Herstellung eines einzelnen 500 € Scheins dürfte im Gegenzug nur wenige Cent kosten, sodass man sich mal vor Augen führen sollte, was man da eigentlich an Wert in den Händen hält. Es hat einen Wert, weil es mittlerweile ein gängiges Zahlungsmittel ist und weil die Bevölkerung an dessen Wert glaubt. Es sind schon einige Währungen pleitegegangen, die mit einer außerordentlich großen Geldentwertung einherging, sodass die Leute mit Schubkarren voll Geld schnell Lebensmittel kaufen mussten, bevor sie dafür weniger bekamen.

Kostenerfassung

Zunächst einmal ist es wichtig zu erkennen, was du im finanziellen Sinne tust. Einfach zu sagen, dass du mehr Geld benötigst, wird weder bei deinem Chef dafür sorgen, dass du mehr davon bekommst, noch wirst du die Allround-Lösung in diesem Buch finden. Solltest du keinen Überblick über dein monatliches Ausgabeverhalten haben, ist das nicht schlimm.

Du denkst jetzt sicher, wie du das alles nur erfassen sollst. Muss ich jetzt jeden Cent aufschreiben und alle Kontoauszüge des vergangenen Jahres wälzen und auflisten?

Nein, das musst du nicht.

Setze dich zu Beginn des kommenden Monats hin und schreibe dir separat alles auf, was fix von deinem Konto abgeht wie Miete, Versicherung, Strom, DSL, GEZ, Abos etc. Zusätzlich erfasst du all deine Einkäufe, die du tätigst. Kleinigkeiten kannst du auch in einem Sammelposten zusammenfassen. Lege dir die Tankbelege dazu und schreibe dir auf, was du dir anschaffst. So bekommst du sehr schnell einen Eindruck davon, was du machst.

Die Genauigkeit kommt mit der Zeit. Sei nicht dein eigener Sklave, was das angeht. Um dir den Einstieg etwas zu erleichtern, habe ich dir anbei ein Beispiel eines simplen Haushaltsbuches erstellt, was du für jeden Monat neu ausfüllen kannst. Wenn du etwas geübt bist, kannst du dir das in Excel auch nachbauen oder dir einfach von Hand aufschreiben. Es geht nicht darum, dass es schön aussieht. Es soll seinen Zweck erfüllen.

Wie du siehst, wird hier unterschieden zwischen fixen Kosten, Einkäufen, KFZ-Kosten und variabel entstehende Kosten. Am Monatsende wirst du vielleicht bemerken, dass die Zahl auf deinem Girokonto, welche am letzten Tag des Monats übrig ist, sich nicht mit dem Restbetrag in deinem Haushaltsbuch deckt. Der Differenzbetrag entspricht der Ungenauigkeit, die du bei deiner Erfassung hast. Wichtig ist hier, mit der Zeit diesen Fehlbetrag kleiner zu bekommen, sodass du erkennen kannst, wo immer mal wieder Geld hingeht, was dir „durch die Lappen geht", denn das sind in Summe über das Jahr gesehen die größten Kostenfresser.

Das wird dir dann endlich die Frage beantworten: Wo ist mein ganzes Geld hin? Dies ist die Basis dafür die nachfolgenden Tipps in dein Privat- wie auch in dein Arbeitsleben zu integrieren, Kostenfresser zu minimieren und unnötige Dinge zu eliminieren. Du denkst sicher, dass es nicht möglich ist.

Du wirst dich im weiteren Verlauf dieses Buches wundern, wie viel sich ermöglichen lässt, wenn du diese Strategie in dein Leben integrierst.

Haushaltsbuch –Beispiel:

Haushaltsbuch Juli 2020

Einnahmen

Name	Betrag	%
Gehalt Juli	1.750,00 €	100%
		0%
		0%
		0%
		0%
		0%
		0%
		0%
		0%
		0%
Summe	1.750,00 €	100%

Sparen

Name	Betrag	%
Tagesgeldkonto	200,00 €	11,4%
		0,0%
		0,0%
		0,0%
		0,0%
		0,0%
		0,0%
		0,0%
		0,0%
Summe Sparen	200,00 €	11,4%

Gewinn-/Verlust- Rechnung

Name	Betrag	%
Einnahmen	1.750,00 €	100,0%
Ausgaben	1.500,00 €	[redacted]
Sparen	200,00 €	11,4%
Endbetrag Konto	50,00 €	2,9%

fixe Kosten

Name	Beschreibung	Betrag
Miete		500,00 €
Kontoführungsgebühren		6,50 €
Auto Versicherung		50,00 €
Haftpflicht		6,00 €
Hausrat		10,00 €
DSL Anschluss/Telefon		35,00 €
Strom		60,00 €
Rechtschutz		20,00 €
Zusatzkrankenversicherung		10,00 €
GEZ		17,50 €
Handy		15,00 €
Streamingdienste		10,00 €
Summe		740,00 €

variable Kosten Lebensmittel

Name	Beschreibung	Betrag
Wocheneinkauf	08.07.2020	60,00 €
Wocheneinkauf	16.07.2020	50,00 €
Wocheneinkauf	22.07.2020	55,00 €
Wocheneinkauf	29.07.2020	55,00 €
Summe		220,00 €

variable Kosten Sonstiges

Name	Beschreibung	Betrag
Haushaltsgeld 1. Woche		75,00 €
Haushaltsgeld 2. Woche		75,00 €
Haushaltsgeld 3. Woche		75,00 €
Haushaltsgeld 4. Woche		75,00 €
Summe		300,00 €

variable Kosten Auto/Tanken

Name	Beschreibung	Betrag
Tanken	10.07.2020	80,00 €
Tanken	19.07.2020	40,00 €
KFZ Steuer auf Monat		20,00 €
Inspektion/Reparatur/Tüv		100,00 €
Summe		240,00 €

Sparen auf der Arbeit

Kaffee

Nehmen wir an, dass du Vollzeit arbeiten gehst und die Bahn benutzt, um zur Arbeitsstelle zu kommen, was durch ein günstiges Jobticket durch den Arbeitgeber subventioniert wird. Am Hauptbahnhof gönnst du dir regelmäßig einen Kaffee, welcher zwischen 2,50 € und 6 € kostet. Angenommen, du nimmst den Günstigsten und genießt diesen täglich zur Arbeit. Das wären hochgerechnet für den günstigsten Kaffee 12,50 € pro Woche, somit 50 € pro Monat. Mit der Anschaffung einer Filter- oder einer Kaffeepad-Maschine, wie einer Senseo für ca. 50 €, könntest du die Kaffeekosten auf rund 3 € drücken im Monat mit nur 2x „20er Pack" Pads.

Nervige Wartezeiten bei der Bestellung am Bahnhof und unnötiger Müll entfallen, denn du kannst dir den Kaffee Zuhause morgens so zubereiten, wie du ihn am liebsten magst und heiß in einem Thermobecher mitnehmen. Sollte es auf der Arbeit eine Gruppenlösung für den Kaffee geben, die ebenso Geld, Zeit und Nerven kostet, bist du auch hier in deinem Büro mit einer eigenen Senseo Maschine fast unschlagbar unterwegs und gut beraten, sofern dies von deinem Arbeitgeber zulässig ist. Vorteil auch hier zu erwähnen, dass zu Urlaubs oder generell zu deinen Abwesenheitszeiten überhaupt keine Kosten für dich entstehen im Gegensatz zu einer Gruppenlösung, welche meist monatsweise zu entrichten ist, egal ob du anwesend bist oder nicht.

Lottogruppen

Vereine, Abteilungs- oder auch private Freundschaftsvereinigungen verleiten häufig dazu, für den schnellen Reichtum eine Lottogemeinschaft zu bilden. Die Wahrscheinlichkeit auf einen großen Gewinn ist jedoch so klein, dass du mit größerer Wahrscheinlichkeit selber in der Lage bist, Geld zu sparen und ein kleines Vermögen anzuhäufen. Viele Arbeitsgemeinschaften dienstlicher Natur verwenden den Erlös für teambildende Maßnahmen, welche für die Gruppe durchaus lustig und auch sinnvoll sind. Hier gibt es allerdings auch Möglichkeiten, sich dazuzukaufen und seinen Anteil für den Tag oder Abend zu liefern, wofür die meisten Leute Verständnis haben werden, ohne, dass man generell an der Lottogemeinschaft teilnimmt.

Wenn dich so ein Abend beispielsweise 50 € kostet, fährst du besser damit, dich in der Gruppe für das anstehende Event einzukaufen und auf eigene Faust teilzunehmen, anstatt beispielsweise 15 € pro Monat für Lotto zu zahlen, was wiederum 180 € im Jahr wären. Du wirst jetzt sicher sagen, dass es nur 15 € sind. Es sind 180 € im Jahr. Über 40 Jahre Dienstzeit sind das 7200 €, in denen du wahrscheinlich nichts gewinnen wirst, das Geld wiederum aber weg ist. Die meisten Menschen verdienen gerade mal 15 € pro Stunde. Umgerechnet auf dein Arbeitsleben gehst du für diesen Spaß 3 Monate arbeiten. Siehst du wie sich das bemerkbar macht? Später im Buch kommen noch weitere Beispiele nach denen du anders über immer wiederkehrende monatliche Beträge denkst.

Essen

Es ist verlockend, wenn Kollegen rufen: Was essen wir heute? Sicherlich ist ein Gyrosteller oder ein Döner lecker, kann aber auch gut ins Geld gehen, wenn hier mehr als 1x pro Woche auswärts für mindestens 15 € essen gegangen wird. Es gibt Firmen, die bieten für 5 € pro Mahlzeit ein Essen in der Kantine an. Wenn hier abwechslungsreiche und gesunde Speisen angeboten werden, sollte man durchaus darauf zurückgreifen, was wiederum im Monat dann 100 € für ein Mittagessen an jedem Werktag wären. Wer die Möglichkeit der Nutzung einer Kantine hat, sollte sie nach Angebot und Preis/Leistung wahrnehmen und diese mit dem sonstigen privaten Einkauf- und Kochverhalten am Abend und am Wochenende sinnvoll kombinieren.

Öffentliche Verkehrsmittel

Bietet dein Arbeitgeber dir ein Jobticket an, so ist dies eine willkommene Gelegenheit, Geld und Zeit zu sparen. Meist sind diese Tickets im Monats- oder Jahres-Abo durch den Arbeitgeber erhältlich und haben vergünstigte Preise, die weit unter den normalen Abonnements liegen. Je nach Ticket und Verkehrsverbund kannst du das Jobticket ebenso abends und am Wochenende nutzen, meistens sogar mit einer weiteren Person, die kostenfrei mitfahren kann. Nutze die Zeit im Zug oder Bus sinnvoll, indem du liest oder dir einen interessanten Podcast anhörst, auf den du dich voll konzentrieren kannst. Egal ob es sich hierbei um dienstliche oder private Themen handelt. Eines ist klar, du sparst dir den Stress von Staus mit dem Auto.

Fahrgemeinschaft

Hast du einen Kollegen, der aus der Nähe deines Wohnortes kommt oder dessen Anreise zur Arbeit auf deinem Arbeitsweg liegt, könntet ihr je nach Schichtsystem abwechselnd fahren. Das spart sogar den Geldbeutel deines Kollegen. Er wird sich freuen.

Fahrrad statt Auto

Liegt der Arbeitsweg in einer Entfernung von unter 10 Kilometern, könntest du in den warmen Monaten mit dem Rad zur Arbeit fahren und hättest dir entsprechende Unterhaltskosten des Autos gespart und gleichzeitig was für deine Gesundheit getan.

Vermögenswirksame Leistungen

Wenn du es in Erwägung ziehst, einen sogenannten VL-Vertrag abzuschließen, sparst du in der Regel 6 Jahre lang aus deinem Netto in einen speziellen Vertrag ein mit einer anschließenden Ruhephase von einem Jahr. Viele Arbeitgeber unterstützen so eine Sparmöglichkeit mit einer Bezuschussung von 6 bis ca.40 € Brutto im Monat. Je nach Tarifvertrag kann es hier Abweichungen geben. Sofern dein Arbeitgeber so etwas nicht per Tarifvertrag abdeckt, lässt sich die Bezuschussung unter Umständen auch nachverhandeln, da es den Arbeitgeber unterm Strich weniger kostet, als wenn er dir mehr normalen Bruttolohn zahlt.

Es gibt hier unterschiedliche Varianten. Die bekannteste wird wohl der festverzinsliche Banksparvertrag sein, der das eingezahlte Kapital über die gesamte Laufzeit fest verzinst. Da hier bekannterweise aktuell relativ wenig zu holen ist, empfiehlt sich, hier auf eine fondsbasierte Möglichkeit zu setzen. Anbieten würden sich weltweite Aktienindizes wie den MSCI World oder den MSCI ACWI, welche mittels eines ETFs abgebildet werden und somit dein Kapital maximal gestreut wird und per VL vom Arbeitgeber subventioniert wird.

Diese Anlagemöglichkeit, welche eine sehr einfache auch für dich privat umzusetzende, gebührenarme Möglichkeit der Altersvorsorge darstellt, stelle ich dir im späteren Teil des Buches vor, nachdem wir dir erst einmal Möglichkeiten geschaffen haben, sodass auch mehr Geld zur Verfügung steht. Welche Anbieter einen Fonds oder ETF-basierten VL-Sparplan anbieten, findest du auf der Seite www.extraetf.de

Homeoffice

Falls du über einen Arbeitsplatz, beispielsweise in der IT, oder generell einen Büroarbeitsplatz verfügst, für den der direkte und persönliche Kontakt mit Kunden nicht zwingend regelmäßig erforderlich ist, bietet es sich an, mit deinem Arbeitgeber über Homeoffice zu reden.

Vorteile für deinen Arbeitgeber wären, dass für ihn keine Unterhaltungskosten für dich wie Büro, Strom, Licht und Wasser anfallen, und das du dich flexibel zeigst. Ein kurzes Eingreifen nach dem Aufstehen, wenn du per Mail etwas auf dem Handy gesehen hast, ist so zeitnah möglich bei entsprechender EDV-Anbindung. So muss der Chef nicht warten, bis du auf der Arbeit erscheinst, gerade, wenn du weiter entfernt wohnst. Vorteile für dich: Einsparen der Wegekosten, Hin- und Rückfahrt in Bezug auf Zeit, du musst nicht durch den Stau, du kannst länger und effizienter arbeiten, da weder Kollegen noch ein Fahrtweg dich aufhalten bzw. nerven können, deine Tagesplanung in deinem heimischen Umfeld ist bei disziplinierter Verhaltensweise einfacher.

Wenn du private Termine extern hast, kannst du dies an Homeoffice-Tagen wesentlich flexibler gestalten. Du hast die Möglichkeit, dein Arbeitszimmer und die dafür anteilig entstehenden Kosten bei der Steuererklärung anzugeben und das Finanzamt an deinen Mietkosten inkl. Nebenkosten zu beteiligen. Jedoch gilt es hier, Feinheiten in Bezug auf den Arbeitsmittelpunkt zu prüfen. Eine Steuersoftware wie „Wiso“ oder ein Steuerberater geben dir auch hier Auskunft, was zu beachten ist.

Umfeld

Gerade auf der Arbeit merkst du besonders, wenn du Acht darauf gibst, mit welchen Menschen du es in Bezug auf Geld zu tun hast oder generell der Einstellung zu Erfolg deiner Kollegen.

Viele Menschen befinden sich in einer Opferhaltung. Das merkst du daran, wenn jemand zu dir kommt oder du zu jemanden anderen gehst und dieser Mensch ständig schlecht redet und möglicherweise dies nur über andere macht. Dieser Mensch ist nur im Außen und möchte sich an den Problemen ergötzen und merkt nicht, dass er mit seinen Problemen andere herunterzieht. Dadurch ist er nicht nur Opfer, sondern zugleich auch Täter, denn er tut dir nicht gut, wenn dies regelmäßig passiert.

Deshalb spare auch hier etwas an diesem Kontakt. Das lässt sich auf der Arbeit nicht völlig vermeiden, aber man kann es reduzieren. Fokussiere dich stattdessen lieber auf die Ziele, die du dir für den Tag gesteckt hast und verfolge erfolgsproduzierende Maßnahmen, das schützt dich davor, aufgehalten zu werden oder selbst an der Misere teilzunehmen. Auch Gespräche, wenn zum Beispiel Urlaub ansteht, verlaufen wie gewohnt oft so: „Und wo geht's hin oder wo warst du?“ Das erzeugt eine Erwartungshaltung anderen dir gegenüber. Viele können es nicht verstehen, dass man auch in einem Urlaub glücklich ist, wenn man eben nicht wegfährt. Viele, die das begreifen, erkennen, dass Menschen eigentlichen nur vor ihrem Leben flüchten, es sie aber wieder einholt, da Verbindlichkeiten zu zahlen sind. Hier muss man schon psychisch stark sein, wenn man hier Situationen bestehen und sich nicht ständig rechtfertigen möchte.

Auch beliebt ist es, dass Menschen sagen: „Ich gönne mir ja sonst nichts – Ich lebe heute“. Was diese Menschen dabei nicht verstehen ist, dass sie eigentlich immer unzufrieden sind und sich dieser Umstand nicht durch freizügiges Konsumieren verbessern lässt. Wähle daher deinen Umgang dienstlich wie privat mit Bedacht, denn der Durchschnitt der 5 Menschen, mit denen du dich umgibst, entscheidet darüber, wer du bist.

Wenn du nur Menschen um dich herum hast, die nicht weiter kommen wollen und dir persönlich keinen Erfolg gönnen und diesen auch fördern können, ist die Wahrscheinlichkeit hoch, dass du auf der Stelle treten wirst.

Überblick bei Verträgen

Erstelle dir eine Übersicht all deiner Verträge wie Versicherungen, Strom- und Internetanbieter etc. und wann diese auslaufen bzw. im laufenden Jahr gekündigt bzw. gewechselt werden können. So hast du Verhandlungsspielraum und sparst entweder, wenn du beim jetzigen Anbieter bleibst, durch ein nettes Telefonat, oder eben durch den Abschluss eines günstigeren Vertrages bei einem anderen Anbieter.

Stromtarif

Speziell beim Stromtarif ist zu sagen, dass hier viel getrickst wird seitens der Anbieter. Nimm daher nur Anbieter, die du namentlich kennst und wo keine Vorauszahlung nötig ist. Der Strompreis setzt sich zusammen aus einem Preis in Cent pro KW/h, also deinem tatsächlichen Verbrauch und einem Grundpreis in € pro Monat. Das ist noch relativ einfach zu durchschauen.

Schwieriger wird es allerdings, wenn du dir Verträge ansiehst, die einen „Wechselbonus“ anbieten. Diese locken meist mit einer Einmalzahlung und unter Umständen mit einem prozentualen Rabatt auf die sonstigen Kosten. Damit wirst du gefühlt im Monat weniger bezahlen und bekommst auch noch einen Bonus direkt überwiesen. Wenn du bei diesen Verträgen die Kündigungsfrist verpasst, kann es sein, dass deine Stromkosten im Folgejahr teurer sind als vor dem Wechsel. Deshalb lasse dich nicht von den Boni blenden, sondern rechne genau nach oder vergleiche direkt die Preise ohne Boni, was auf „Check24.de“ oder „verivox.de“ einstellbar ist.

Wenn die Verträge mit und jeweils ohne Boni signifikante Unterschiede aufweisen, sollte dir klar sein, dass sie dich locken wollen. Viele Menschen verpassen einfach die Kündigungsfrist mangels Überblick der eigenen Unterlagen und Finanzen. Damit verdienen diese Gesellschaften langfristig Geld.

Handytarif

Du besitzt das neuste iPhone und verfügst mit diesem Gerät über einen monatlichen Tarif, der dich zwischen 20 € und 50 € kostet? Es muss nicht immer das neuste Gerät sein, was du dann in Teilen mit dem monatlich zu entrichtenden Betrag sozusagen abzahlst. Es funktioniert auch die vorletzte Generation Handy bzw. Smartphone, welches du dir mit einem Prepaid Tarif kaufen solltest. Diese Tarife kosten meist schon nur noch 7–12 € pro Monat und haben ebenso eine Telefonflat in alle gängigen Fest- und Handynetze inkl. eines Datenvolumens von über 1 GB pro 30 Tage. Du musst hier keine Kündigungsfrist beachten, da du keinen Vertrag hast. Es reicht in den meisten Fällen, wenn du das Abo kündigst, sodass im Folgemonat keine weiteren Kosten anstehen, falls du hier etwas ändern möchtest, was mit einem Vertragsgebundenem Handy nicht so ohne weiteres geht.

Fitnessmitgliedschaft

Viele Menschen setzen sich Neujahrsvorsätze, schließen ein Fitnessstudio-Abo für 1–2 Jahre mit monatlicher Zahlung ab und gehen dann nur das erste Quartal regelmäßig hin. Nutze die Mitgliedschaft oder kündige Sie.

Wenn du sparen willst, reicht auch die Natur, ein Fahrrad, ein toller Podcast auf den Ohren, der dich im Leben weiterbringt und ein paar Hanteln Zuhause. Die kosten dich nichts.

Jährliche Sichtung der Versicherungen

Schaue dir nach Möglichkeit deine abgeschlossenen Versicherungen jährlich vor der Kündigungsfrist an. Bei KFZ-Versicherungen kommen meist neue Regional- und Typenklassen-Zuordnungen im November, die über die Beitragsbemessung deines Autos bestimmen. In den meisten Fällen hat man ohnehin ein Sonderkündigungsrecht, wenn sich Beiträge erhöhen sollten. Erstelle dir hier ebenso eine Übersicht.

In vielen Fällen reicht ein Telefonat, vor Ablauf der Kündigungsfrist, um bessere Konditionen zu erhalten auf deinen noch bestehenden Vertrag. Du musst dich nur trauen. Und da du aufgepasst hast, sind die guten Karten auf deiner Seite. Mit ein wenig bestimmender Passivität und dass du dich aufgrund ablaufender Fristen gerade umsiehst und auf ein weiteres positives Geschäftsverhältnis hoffst, wird sich dein Gegenüber meist erkenntlich zeigen. Falls nicht, kannst du immer noch den Vertrag laufen lassen oder eben kündigen. Hilfreich auch hier, wenn du keinen Onlineversicherer hast, sondern einen Ansprechpartner in einer Filiale, den du nicht ständig nervst, wegen jeder Schadensregulierung. Damit hast du gute Argumente.

Unnötige Abos / Streamingdienste kündigen

Hast du Internet Abos oder Zeitschriften, die du vor Jahren abgeschlossen hast, prüfe sie, ob du sie brauchst, wenn sie per Post hereinkommen. Falls es dir unwichtig erscheint, mach dir einmal die Mühe und kündige das Abo. Guckst du gerne Filme oder Serien, schaue, ob dir ein einziges Abo reicht.

Spartipps beim Einkauf

Einkauf planen

Du bist gestresst von der Arbeit und musst auch noch einkaufen. Nicht jeder mag das. Es kann allerdings auch Spaß machen, dies zu zelebrieren. Jeder kann froh sein, wenn er gesund ist, ein Dach über dem Kopf hat und frisches Essen kaufen kann. Man kennt die Omis, die jeden Tag für eine Kleinigkeit einkaufen gehen, um Kontakt zu Menschen zu haben. Hast du allerdings eine kleine Familie und beide Elternteile sind zudem noch berufstätig, so bleibt hier wenig Zeit. Fakt ist, je häufiger du einkaufst, desto mehr gibst du in Summe aus, weil jedes Mal mehr anstatt weniger Faktoren dazukommen, dass du mehr anstatt weniger mitnimmst.

Deshalb ist es sinnvoll, sich einmal am Wochenende 15 Minuten Zeit zu nehmen, was man in der kommenden Woche kochen möchte. Darunter fallen natürlich sowohl frische Lebensmittel wie Obst und Gemüse als auch das Frühstück und Dinge, die du einfrieren kannst. Mache dir einen Plan, was du grob kochen möchtest und erstelle eine Einkaufsliste. Durch diszipliniertes Einkaufen von 1x bis max. 2x die Woche lassen sich die Kosten, nur aufgrund der Tatsache, dass nach Plan und in Summe weniger einkaufen gegangen wird, mindestens um 10 % drücken.

Ein kontrolliertes Einkaufen vermeidet zudem auch, dass Lebensmittel verderben und somit zeitnah verbraucht und mit anderen übrigen Lebensmitteln kombiniert werden. Du sparst dir Zeit fürs Einkaufen und hast unter Umständen für den Folgetag vorgekocht, was du dann frisch mit zur Arbeit nehmen kannst, anstatt den nächsten Döner zu bestellen, obwohl du Lebensmittel zu Hause im Kühlschrank hast.

Nicht hungrig einkaufen

Hungrig einkaufen zu gehen, verleitet zu Impulskäufen oder das einzukaufen, worauf du gerade eben Hunger hast. Viel weniger folgst du dadurch so deinem Plan und gibst unnötig Geld aus. Vermeide das weitestgehend.

Bar zahlen statt mit Karte

An sämtlichen Stellen wird das Zahlen mit Karte bevorzugt bzw. sogar gefördert und auch aktiv angesprochen. Bargeld ist gut und gibt dir Freiheit. Zahle bar und du behältst das Gefühl, wenn die Kassiererin nach 100 € fragt, was es bedeutet, was du da an Scheinen zählst. Mit einer schnellen bargeldlosen EC-Zahlung geht schnell das Gefühl für den Wert und damit die Kontrolle über deine Finanzen verloren.

Kreditkarten

Es ist durchaus in vielen Fällen sinnvoll, eine Kreditkarte zu haben, da viele Hotels oder Autovermietungen diese als Sicherheiten belasten. Jedoch macht es für den Privatmann abseits von dienstlichen Geschäften Sinn, weitestgehend darauf zu verzichten, denn die Bezahlung per Kreditkarte geht schnell, wird aber meist um Wochen zeitversetzt vom Girokonto abgebucht. Wer hier kein Haushaltsbuch führt, fährt besser mit Bar-Zahlungen, sonst neigt man über den Monat hinaus dazu, den Überblick zu verlieren.

Leitungswasser trinken

Ist die Qualität des Wassers, wo du lebst, in Ordnung, der Kalkhärtegrad ist entsprechend und du legst keinen großen Wert auf Kohlensäure, so bietet es sich an, Leitungswasser zutrinken, anstatt Mineralwasser zu kaufen und zu schleppen. Das spart Zeit, Geld und Kraft.

Achte auf Angebote

Nach Angeboten Ausschau zu halten, ist sicherlich sinnvoll, allerdings hat das wenig mit sparen zu tun. Wenn ein Produkt um 50 % reduziert ist, sparst du nicht 50 %, sondern du gibst die anderen 50 % aus. Du musst vorher entscheiden, was du benötigst und nach Angeboten Ausschau halten. Auch beim Einkaufen solltest du nicht aus 3 Prospekten alle Angebote niederzuschreiben und alle Läden abzufahren, weil du dann 5 € weniger ausgibst. Das ist der Grund, weshalb dann viele Menschen gestresst herumhetzen.

Die aufzubringende Zeit und der Sprit lohnen nicht. Es ist sinnvoller, da einkaufen zu gehen, wo die meisten für dich gerade interessanten Lebensmittel und Produkte angeboten werden. Man muss nicht immer alles haben, nur, weil es gerade etwas günstiger erscheint, aber eben nicht auf deiner Einkaufsliste stand.

Online-Shopping reduzieren

Online-Shopping ist meist wie bei Amazon so aufgesetzt, dass man per App nur einen Klick davon entfernt ist, eine Sache zu bestellen, die auch unmittelbar in den nächsten Tagen von deinem Konto abgebucht wird. Deshalb tätige keine Impulskäufe, sondern überlege, ob du es wirklich brauchst, dir etwas gönnen möchtest oder es einfach unnötig ist und du es dir nicht leisten kannst.

Impulskäufe

Willst du eine Anschaffung tätigen, egal ob Online oder in einem Geschäft, überlege dir, ob du es willst oder wirklich benötigst. Sofern es keine notwendig dringende Anschaffung ist, lasse dir eine Woche Zeit mit dem Kauf und überlege erneut, ob du es benötigst. Das beugt Impulskäufen vor, die rein aus der Laune heraus entstehen aber unterm Strich unnötig sind.

Rauchen

Auch wenn es ein unbequemes Thema ist und du dir gerade in schweren Zeiten sagst: Jetzt nicht, ich brauche das, ist es eigentlich genau jetzt der richtige Zeitpunkt damit aufzuhören. Es ist eine Wohltat morgens richtig atmen zu können und nicht nach kaltem Rauch zu stinken. Als Raucher merkst du das sicher nicht, aber jeder andere um dich herum. Wenn du eine Packung von 6 € am Tag rauchst, sind das geschlagene 180 € im Monat. Falls du Single bist, kannst du davon den ganzen Monat kostenlos einkaufen gehen - darunter auch frische Lebensmittel. Ist das nicht unglaublich? Für das, was andere in die Luft blasen, kannst du einkaufen gehen. Du musst nur für dich sagen: Ich will das so!

Falls du trotzdem rauchst, dreh selber

Wenn du es dir dennoch nicht nehmen lassen möchtest, gibt es immer die Alternative selber zu drehen, womit du die Kosten um gut 50 % drücken kannst. Allerdings ist das

Stopfen zeitaufwendig und verfehlt das eigentliche Ziel gesünder und sparsamer zu leben.

Sparen Zuhause

Beleuchtung

Schau dir die Beleuchtung Zuhause an. Viele haben noch Halogenbirnen, welche 50W das Stück brauchen oder Energiesparbirnen, welche nicht wirklich gesundheitsförderlich sind. Ein Austausch auf LED Birnen kostet in der Regel nicht viel, die Anschaffungskosten sind nach wenigen Monaten raus und die Ersparnis ist sofort im Stromverbrauch zu spüren. Erfahrungsgemäß halten LED Birnen mehrere Jahre. Generell ist es clever Funksteckdosen zu verwenden, womit in der Diele per Fernbedienung Lampen, Deckenfluter und Steckdosenleisten in direkter Umgebung ausgeschaltet werden können. Gängige LEDs der Fassung GU10 für Deckenleuchten verbrauchen maximal 5W. Somit 1/10 von einer Halogenbirne. Umgerechnet kannst du für 2 Halogenbirnen die gesamte Wohnung per LED Panorama beleuchten, bei besserer Lichtqualität.

Heizung

Bist du in der Regel unter der Woche arbeiten, verbringst du abseits des Schlafens nicht viele Stunden, in denen du dich in deinem Zuhause aufhältst. Daher ist es nicht nötig, die Heizung durchgängig anzulassen. Hier bietet sich ein Austausch der Heizkörperthermostate an. Es gibt hier die Möglichkeit Thermostate mit Zeitschaltuhr zu installieren und zeitlich zu programmieren. Zum Beispiel kommst du regelmäßig um 17 Uhr von der Arbeit. Zwischen 8 und 17 Uhr ist es nicht nötig, dass die Heizung durchgängig läuft. Du kannst diese aber so programmieren, dass sie um 16 Uhr angeht und deine Räume dann auf Temperatur sind, wenn du nach Hause kommst. Gleiches gilt, wenn du schlafen gehst. Hier kannst du programmieren, wann das Thermostat den Heizkörper abdrehen soll. Das spart erheblich an Heizkosten.

Teure Heizungsschaltanlagen, welche womöglich noch übers Internet schaltbar sind und zusätzliches technisches Knowhow voraussetzen, sind unnötig und oft auch teuer. Einfach die Heizung abdrehen oder Thermostate anschaffen, welche zeitlich programmierbar sind, ist simpel und effektiv. Sollte das zeitliche Ein- und Ausschalten nicht funktionieren, kann es sein, dass der „Stift" unter dem Thermostat im Heizkörper, welcher den Durchfluss der Heizung regeln soll, klemmt. Hier hilft etwas gängig machen mit einer Kombizange und WD40. Zudem kann es sein, dass die Heizung „gluckert", da diese auf der anderen Seite des Heizkörpers oben am Ventil entlüftet werden muss mit einem kleinen dafür vorgesehenen Schlüssel. Das kann auch den ein oder anderen Technikereinsatz einsparen, wenn man hier mal selbst schaut.

Heizöl

Wenn du ein Eigenheim und eine Ölheizung hast, bist du für selbige selbst verantwortlich. Handle beim Tanken antizyklisch. Beispielsweise im Sommer wird es größtenteils günstiger sein Heizöl kommen zulassen, anstatt im Winter, denn Preise sind generell dann immer für Produkte teurer, wenn sie aktuell wirklich benötigt werden.

Warmwasser

Hast du in der Küche eine Warmwasseraufbereitung mittels eines Niederdruckuntertischgerätes, so ist klar, dass dieses einiges an Strom braucht. Es ist aber nicht notwendig dieses Gerät dauerhaft laufen zu lassen und wenn, dann auch nicht auf höchster Stufe. Moderne Geräte lassen sich hier nach Temperatur einstellen – das entscheidet die Aufheizzyklen und damit den Stromverbrauch. Eine dauerhafte unnötige Nutzung, die möglicherweise auch noch auf max. Temperatur eingestellt ist, frisst viel Strom.

Gleiches gilt für einen Durchlauferhitzer im Badezimmer. Solltest du davon einen haben, prüfe, sofern dieser relativ neu ist, ob du ihn vorne einstellen kannst. Brühend heißes Wasser ist zum Baden und Duschen nicht sonderlich gut geeignet, also reicht es auch dieses Gerät auf halber Stufe laufen zu lassen und die Temperatur über die Armatur zu regeln. Da so ein Gerät auf Starkstrom läuft, spart man hier einiges an Strom.

Waschmaschine

Beim Thema Waschmaschine lässt sich auch einiges Sparen. Waschgänge auf 90 Grad sind in der Regel in den meisten Fällen unsinnig. Die Stromeinsparung von 90 Grad hin zu 60 Grad ist immens. Viel wichtiger ist es, die Maschine vernünftig befüllt laufen zu lassen und regelmäßig technisch zu warten, damit man lange davon hat. Dazu gehört, dass man alle paar Wochen mit einem Waschmaschinenreiniger die Maschine im Reinigungsgang separat laufen lässt, das Einfüllfach für das Reinigungspulver und das Flusensieb richtig saubermacht. Je nach Nutzungsgrad bietet sich auch an, den Abwasserschlauch jährlich abzumontieren und zu reinigen. Das mindert den Geruch und alles kann vernünftig frei-gängig ablaufen, sodass auch die Pumpe geschont wird, denn auf Widerstand leidet diese.

Viele Geräte gehen einfach irgendwann aufgrund mangelnder Aufmerksamkeit und Pflege/Wartung kaputt. Der Einsatz von Weichspüler führt zudem oft zu Verklebungen, welche öfters gereinigt werden sollten im Einfüllfach. Hier bietet es sich an, die Flasche Weichspüler mit Wasser generell zu verdünnen. Das spart Geld, schont die Maschine und erfüllt dennoch seinen Zweck.

Haare schneiden

Hast du keine aufwändige Frisur, sondern einheitlich kurze Haare, so kannst du darüber nachdenken, dir mit etwas Übung diese selbst mit einem Elektrorasierer und Reduzier-Aufsätzen zu schneiden. So kannst du dir im Jahr zwischen 120 € und 200 € sparen, bei einem einfachen Männerhaarschnitt. Frauen haben es hier natürlich etwas schwieriger.

Trockner

Hast du einen Singlehaushalt oder eine kleine Familie, wo du die Möglichkeit hast in einem separaten Raum, Keller, Balkon oder gar Garten die Wäsche aufzuhängen, überlege dir den Nutzen eines Trockners. In der Regel ist die Wäsche selbst im Winter nach 2 Tagen trocken. Beispielsweise kümmerst du dich dann um die Wäsche, wenn du einmal weniger einkaufen gehst. Das macht die Nutzung, den Zeitaufwand und den Stromverbrauch für die meisten Menschen überflüssig.

Kaufe Geräte, die Energie sparen

Steht ein Neukauf eines Gerätes an, welches entweder kaputtgegangen ist oder generell neu beschafft wird und regelmäßig in Verwendung ist, so schaue auf den Stromverbrauch. Wenn man darauf grundsätzlich etwas Acht gibt, kann man durch die Gesamteinsparung sogar einige Geräte unter dem Strich kostenlos betreiben.

Energieeinstellung des TV

Wer noch einen älteren Plasma TV anstatt eines LCD- oder LED-TV hat, aber zufrieden damit ist, sollte die Energieeinstellungen prüfen. Hier lässt sich anhand von Eco- Modi oder der Bildhelligkeit bis zu 50 % des Verbrauchs einsparen. Es ist erstaunlich das zu sehen, wenn man einen Stromverbrauchsmesser zwischen Steckdose und Endgerät hängt, wobei der subjektive Eindruck des Bildes von vorher zu nachher nicht sonderlich ins Gewicht fällt, es sei denn man muss ständig das beste und neueste Gerät haben, aber dann fällt man eher finanziell auf die Nase, als sich in diesem Buch zu informieren.

Stoßlüften statt Fenster lange kippen

Regelmäßiges Lüften der Wohnräume ist wichtig für die Gesundheit aber auch für das Klima in den Räumen und beugt Schimmel vor. Es bietet sich an die Wohnfläche über mehrere Räume hinweg stoß zu lüften in einer Heizperiode. Das ist effizienter und spart Heizkosten anstatt dauerhaft ein Fenster auf Kipp zu lassen.

Fensterisolierung

Wichtig sind neben dem Lüften auch die Fenster als Solche und die Fensterisolierungen und stellen die Schwachpunkte dar, was Dämmung angeht. Eine Prüfung bzw. Erneuerung der Isolierung kann auch hier die Heizkosten signifikant mindern.

Mobilität

Tanken

Tanke, wenn du tanken musst, aber nicht immer, wenn es gerade 5 Cent günstiger ist, sonst bist du alleine deswegen mehrmals im Monat unnötig unterwegs. Eine App kann dabei helfen, vor der Tankfahrt zu schauen, ob eine günstige Tankstelle auf dem Weg zum Einkauf oder zur Arbeit liegt. Dinge kombinieren spart Zeit und Geld. Wenn es dann mal wirklich günstig ist, kannst du ja den 20 Liter Kanister aus dem Kofferraum holen und diesen zusätzlich vollmachen. Gerade in einer Krisenzeit schwanken die Spritpreise sehr, sodass man hier schon mal sehr günstig tanken kann.

Reifendruck des Autos prüfen

Der Sprit-verbrauch des Autos kann leicht gesenkt werden, indem regelmäßig der Luftdruck geprüft wird. Dieser steht entweder im Tankstutzen oder an der B Säule des Fahrers. Wenn der Reifen weniger Druck hat als vorgegeben, ist die Auflagefläche auf dem Asphalt größer und das Auto braucht somit mehr Kraftstoff.

Fahre Autos, die wenig Sprit brauchen

Große Autos sind Geldgräber. Solltest du finanziell vorankommen wollen und du verdienst monatlich nicht 5-stellig Netto, dann ist die Anschaffung eines kleinen sparsamen Autos dir eher zu raten. Jedwede Kosten, wie Verbrauch, Steuer, Versicherung, Inspektion und generell Reparaturen und Ersatzteile sind bei großen luxuriöseren Autos teurer und kosten dich inklusive Wertverlust hunderte € pro Monat im langen Schnitt.

Gebrauchtes/leihen/verkaufen

Bücher ausleihen oder gebraucht statt neu kaufen

Bildung kostet nicht viel. Wenn du das ein oder andere Mal bei Amazon bestellst und du Prime-Kunde bist, gibt es hier die Möglichkeit einen Teil der eBook-Bibliothek kostenfrei zu lesen. Zudem gibt es auch Portale wie „www.momox.de“, wo du Bücher gut erhalten zu einem viel günstigeren Preis erhalten kannst und auch wieder verkaufen kannst. Die Zeit abends auf der Couch oder im Zug zur Arbeit kann so sinnvoll genutzt werden.

Verkaufe Möbel oder Elektrogeräte

Unnötige Möbel, Werkzeug oder Küchengeräte, welche noch in Ordnung sind, aber nur sehr selten benötigt werden, können mittels eBay Kleinanzeigen verkauft werden. Wer anders wird noch Freude daran haben, du hast danach Platz und etwas dazu verdient.

Dinge gebraucht kaufen

Inventar der Wohnung, Gartenmöbel, Elektrogeräte oder Werkzeuge müssen nicht neu sein. So können beispielsweise auf eBay Kleinanzeigen gut erhaltene Sachen dabei sein, die teilweise sehr günstig zu bekommen sind.

Keinen Neuwagen kaufen

Ein Neuwagen ist in aller Regel nur für dienstliche Zwecke im Rahmen eines Leasings sinnvoll, da das Fahrzeug hier ein monatlich kostendes Arbeitsmittel darstellt, welches steuerlich gegen die Einnahmen der Unternehmung angerechnet werden kann. Ein Privatmann kann das nicht.

Zu empfehlen sind hier gute gebrauchte Fahrzeuge mit einem Alter von 3–5 Jahren und einer Laufleistung von 30.000–50.000 km. Hier ist der Preisnachlass am größten. Mögliche Einsparung zum UVP des KFZ können sich so auf 30–50 % belaufen.

Wer den harten Weg geht und spart sich das Geld für ein gebrauchtes Auto zusammen und kauft dieses bar, hat nur noch Unterhaltskosten, welche in der Regel schon teuer genug sind für ein Auto. Unnötige Kredit- oder Leasingraten fallen somit weg, denn im Falle einer möglichen Arbeitslosigkeit oder eines notwendigen Verkaufs des Autos, spielt hier das Autohaus oder gar eine Bank mit, die den Fahrzeugbrief hält und an der Erfüllung des von dir abgeschlossenen Vertrages interessiert ist.

Um hier herauszukommen, muss man sich auf zusätzliche Kosten einstellen. Auch das Auslaufen, die Zurückgabe eines Leasing-Autos ist nicht zu unterschätzen. Nicht jeder pflegt sein Auto, sodass es bei Rückgabe so aussieht, wie ein Neuwagen, deshalb muss auch hier mit Abschlägen zu rechnen sein.

Gebrauchte Wäsche für Kinder

Kinder brauchen bis zu einem gewissen Alter regelmäßig neue Kleidung. Es ist nicht nötig hier ständig was Neues zu kaufen, was wiederum in wenigen Monaten aufgrund des Wachstums nicht mehr tragbar ist. Anbieten würden sich hier Second-Hand-Kleider oder das Tauschen in der Bekanntschaft oder Verwandtschaft.

Handwerkliches Geschick

Gut ist es immer, Werkzeug im Haus zu haben und mit etwas handwerklichem Geschick kleinere Dinge wie Wartungsarbeiten in Küche- und Bad-Abflüssen sowie auch Probleme an der Heizung, welche zur Wintersaison entlüftet werden müsste, selbst vorzunehmen. Das spart Geld für notwendige Handwerker und beugt Schäden an Geräten und Maschinen vor.

Alte Geräte entsorgen

Wer von seiner Oma noch einen Kühlschrank oder ein Eisfach geschenkt bekommen hat, sollte mit einem Strommessgerät prüfen, wie viel Watt die Geräte benötigen. Oft laufen sie noch im Dauerbetrieb und schalten nicht per Thermostat zwischendurch ab, somit verbrauchen sie massiv mehr als neue Geräte. Eine Neuanschaffung rentiert sich meist schon nach wenigen Monaten.

Den Schrottplatz aufsuchen

Hast du alte Geräte, Armaturen oder Kabel im Keller herumliegen, packe alles zusammen und bringe es zum Schrottplatz. In kleinen Mengen ist dies privat durchaus zulässig für deinen eigenen Haushalt. Du wunderst dich, was du dafür noch bekommst.

Alte Kleidung flicken oder zweckentfremden

Eine Hose oder ein Paar Socken müssen nicht direkt beim kleinsten Loch weggeschmissen werden. Kleinere Schäden lassen sich flicken, sodass die Kleidung noch Monate hält. Hast du alte Unterwäsche, die einfach

„durch" ist, werfe sie nicht weg. Sie eignet sich hervorragend zur Autopflege.

Autopflege

Autopflege muss nicht teuer sein. Auch, wenn man kein Aufbereitungsgenie ist, kann man dennoch regelmäßig sein Fahrzeug putzen, saugen, Flüssigkeiten wie Öl, Wisch- und Kühlwasser kontrollieren und gegebenenfalls auch ein paar Mal im Jahr den Luftfilter saubermachen und den dazugehörigen Luftfilterkasten aussaugen. Diese Vorgehensweise pflegt das Auto und es fallen einem Dinge früher auf, bevor sie zum richtigen Problem werden, was im Autobereich oft teuer werden kann.

Sparen durch Sharing

Vermiete unbenutzte Fläche

Hast du unbenutzte Fläche in deinem Wohnraum wie ein einzelnes Zimmer, einen Kellerraum oder eine Garage, denke darüber nach, ob sie wer anders benötigen könnte und vermiete sie unter. Bei Eigentum liegt dies in deiner Verantwortung. Wenn du zur Miete wohnst, musst du das natürlich in deinem Mietvertrag prüfen und mit deinem Vermieter besprechen.

Airbnb nutzen statt Hotels

Genauso kannst du aber auch deine ganze Wohnung oder dein Haus auf Zeit vermieten, wenn du längere Zeit beruflich oder privat abwesend bist um so Einnahmen zu erzielen. Vermietest du unter, ist dies natürlich wie im Fall zuvor bei Teilvermietung auch mit dem Eigentümer zu klären. Gewinnbeabsichtigte Einnahmen aus Vermietung sind darüber hinaus auch steuerlich zu betrachten und dürfen nicht außer Acht gelassen werden. Hole dir hier Rat bei einem Steuerberater ein.

Miete dir ein Auto anstatt es zu kaufen

Hast du nur sehr selten ein Auto nötig, deine Arbeitsstelle befindet sich in der Nähe und du hast Einkaufsmöglichkeit in direkter Umgebung, so denke darüber nach, ob du ein eigenes Auto überhaupt benötigst. Für die meisten ist es ein Statusobjekt, allerdings übersehen viele, wie viel es letztlich im Unterhalt und der Bewirtschaftung kostet. Gehe lieber hin und miete dir ab und zu für längere Fahrten ein Auto über Carsharing-Angebote oder eine Autovermietung. So kannst du es anlassbezogen nutzen, aber jemand anders kann für den laufenden Unterhalt aufkommen. Ein weiterer Vorteil ist, dass du hin und wieder neue Autos günstig testen kannst. Das macht Spaß und du gewinnst einen Eindruck unterschiedlicher Autos im Praxistest, sofern du dir mal ein eigenes wieder zulegen möchtest.

Werkzeuge und andere Sachen teilen

Beabsichtigst du beispielsweise den Bau eines Palettenbettes und musst größere Säge- oder Schleifarbeiten durchführen, so kannst du dir entweder die Werkzeuge, die du nicht hast, aber sonst selten benutzt im Baumarkt leihen, beim Nachbarn gegen einen Obolus erfragen oder dir günstig auf eBay Kleinanzeigen organisieren. Ein Neukauf ist nur was für eingefleischte Handwerker. Ansonsten lohnt ein Neukauf von teureren Werkzeugen eher selten.

Zusatzeinnahmen

Freunde-werben-Freunde

Hast du Freunde, Verwandte oder Bekannte, die sich auch für Handy-, Internet- und Strom-Vertragswechsel interessieren, schaue bei deinem Anbieter nach, ob es ein Werbeprogramm gibt, von dem du profitieren kannst. So hat jeder was davon. Auch beliebt sind hier Empfehlungen von Bankangelegenheiten wie Giro-, Tages- oder Depotkonten.

Nebenjob

Suche dir einen Nebenjob, den du zeitlich flexibel nachmittags oder am Wochenende ausüben kannst, sodass du bis zu 450 € dazuverdienen kannst.

Steuererklärung

Einleitung

Die nachfolgenden steuerlichen Tipps, welche man für die eigene Person prüfen oder prüfen lassen sollte, stellen keine steuerliche oder rechtliche Beratung dar, sondern lediglich die persönliche Meinung des Autors und sollen dir Anregung geben, um welche Themenfelder du dich mit hoher Wahrscheinlichkeit kümmern solltest, um hier kein Geld zu verschenken. Wir gehen in den nachfolgenden Themengebieten davon aus, dass du ein Single mit Steuerklasse 1 oder ein Hauptverdiener mit Steuerklasse 3 einer Familie bist mit einem Vollzeitjob ohne weitere selbständige Einnahmen oder Einnahmen aus Vermietung und Verpachtung.

Arbeitsweg

Der Arbeitsweg wird für die meisten Arbeitnehmer der wichtigste Punkt sein, der am meisten Erstattung mit sich bringt. Es ist unerheblich, ob du mit dem Rad, Auto oder dem Zug zur Arbeit fährst. Hast du einen Arbeitsweg von rund 60 km und eine Vollzeitarbeitsstelle, wirst du vermutlich das Maximum an Erstattung erhalten. Danach kommt eine Grenze, wo die Kosten gedeckelt und darüber hinaus nur noch anrechenbar sind, wenn du die tatsächlichen Kosten nachweist, welche du aufgebracht hast.

Fortbildungskosten

Hast du bereits die Kilometerpauschale für den normalen Arbeitsweg ausgeschöpft, aber dennoch Fortbildungen besucht und diese vom Arbeitgeber nicht vollumfänglich erstattet bekommen, so hast du hier die Möglichkeit deine

Fortbildungen anzugeben. Gängige Angaben sind hier die Entfernung vom Wohnort zur Bildungsstätte, Verpflegung über den Tag hinweg und Anzahl der Übernachtungen.

Straßenreinigung/Winterdienst/Schornsteinfeger

Besitzt du ein Eigenheim oder wohnst zur Miete, schau in deine Nebenkostenabrechnung. Hier kannst du auch als Mieter anteilig die Kosten für Straßenreinigung, Winterdienst und Schornsteinfeger geltend machen.

Arbeitsmittel

Hast du dir Arbeitsmittel angeschafft, die du für deine dienstliche Tätigkeit benötigst, so kannst du diese in der Steuererklärung angeben. Einige Finanzämter akzeptieren hier auch Pauschalen in geringem Umfang ohne, dass du dafür große Auflistungen machen musst. Informiere dich hier.

Kontoführungsgebühren

Die Kosten für dein Girokonto, sofern dies etwas kostet, kannst du bis zu einem gewissen Grad in deiner Steuererklärung geltend machen. Auch hier werden größtenteils Pauschalen akzeptiert, die dir ein Steuerprogramm vorschlägt.

Telefonanschluss

Benötigst du für deine Arbeit deinen privat DSL- /Telefon-Anschluss, so kannst du ihn ebenfalls anteilig im Mischbetrieb angeben und beteiligst so das Finanzamt an deinen Telefonkosten.

Steuerberater/Steuersoftware

Hast du für die Abgabe deiner Steuererklärung einen Steuerberater bemüht oder dir eine Steuererklärungssoftware wie „Wiso“ gekauft, so kannst du diese Kosten ebenfalls angeben.

Rentenverträge

Besparst du Altersvorsorgeverträge, kannst du prüfen, ob du diese in der Steuererklärung geltend machen kannst. Inwieweit Rentenverträge eine sinnvolle Entscheidung für dich darstellen, ist sehr individuell zu beurteilen. Zum Beispiel Riesterverträge lohnen dann auch erst, wenn sie in der Steuererklärung angegeben werden, wegen der steuerlichen Förderung. Hast du als Single einen hohen Lohn oder als Familie mehrere Kinder, können sich die Zulagen und auch die Steuererstattungen lohnen. Solltest du einen Riestervertrag nicht mehr besparen wollen, kündige ihn nicht vorschnell, denn das kann teuer werden. Oft werden hier bereits geleistete Förderungen und Steuererstattungen gegen gerechnet und können dich teuer zu stehen kommen. Lass dir dies genau ausrechnen oder stelle den Vertrag beitragsfrei, wenn du dich hier umorientieren möchtest.

Steuerermäßigungsantrag

Hast du bisher immer fleißig deine Steuererklärung gemacht und immer eine höhere 3 oder gar 4-stellige Summe im Jahr zurückerhalten, dann bietet es sich an, gegen Ende des Jahres einen Antrag auf Lohnsteuerermäßigung zu stellen für das kommende Jahr ab Januar. Wenn du eine recht weite Anreise von über 50 km pro Fahrtweg zur

Arbeit hast, Vollzeit arbeitest und einen recht ordentlichen Arbeitslohn erhältst, kannst du dadurch im Monat schnell über 50 € Netto mehr haben, die du natürlich dann im Folgejahr bei der endgültigen Erklärung dann weniger von der gesamten Lohnsteuererklärung zurückbekommst.

Wenn du aber recht viel zu erwarten hast und deine Finanzen im Griff hast, lasse dir einen Teil so auf diesem Wege vorab erstatten, ohne auf einen höheren Betrag immer warten zu müssen. Eine relativ genaue Schätzung kann dir hier eine Steuersoftware wie „Wiso“ geben, mit der du auch den Antrag komfortabel ausfüllen kannst.

Geldspartipps

Bezahle dich zuerst

Wenn du Haushaltsbuch führst und klar ist, dass du zum Beispiel 1750 € Netto verdienst, aber im Schnitt nur 1500 € benötigst, dann ist der erste Schritt nach dem dein Gehalt eingegangen ist, mindestens 200 € per Dauerauftrag auf ein separates Tagesgeldkonto zu überweisen. Wenn du nur sparst, was übrigbleibt, wirst du die Gesetze des Geldes kennenlernen, denn dann bleibt nichts über.

Notpolster

Baue dir nach Möglichkeit ein Notpolster auf einem Tagesgeldkonto auf, welches so groß ist, dass es ca. 6 Monate deiner durchschnittlichen monatlichen Kosten abdeckt. Damit bist du vor unvorhergesehenen Dingen geschützt und kannst diese bedienen. Seien es Reparaturen oder dringende Anschaffungen. Wer so ein Finanzpolster hat, wird nicht so schnell aus der Bahn geworfen und muss nicht in Teilen mit seinem Lohn rechnen oder gar in den Dispobereich gehen, was horrende Zinsen kostet.

Schulden zahlen

Bevor jedwede Anschaffungen luxuriöserer Natur stattfinden, sollten Schulden getilgt und monatliche Dauerbelastungen gesenkt werden. Eine gute Vorgehensweise ist hier, 50 % des im Monat zur Verfügung stehenden freien Kapitals neben den normalen Lebenshaltungskosten, die anstehen, in die Schuldenabtragung zu stecken, sofern vorhanden und die andere Hälfte beispielsweise auf ein Tagesgeldkonto zu überweisen.

Beispiel: 1750 € Nettoverdienst. 1500 € durchschnittliche monatliche Lebenshaltungskosten. Die übrigen 250 € hälftig zur Abzahlung der Schulden und die andere Hälfte zur Überweisung auf dein Tagesgeldkonto verwenden. Das hat den psychologischen Vorteil, dass du nicht bei 0 € Notpolster stehst, wenn du deine Schulden bezahlt hast, sondern die gleiche Summe bereits gespart hast, wenn die Schulden weg sind.

Sparmöglichkeiten

Girokonto

Das Girokonto ist sozusagen dein Gehaltskonto, auf das du Zugriff hast an einem Geldautomaten per EC-Karte. Dieses Girokonto solltest du nur für den Gehaltseingang und die gängigen Zahlungen benutzen. Zur Geldverwahrung in größerem Umfang ist dieses nicht geeignet. Prüfe die Höhe des Dispos, der bestimmt, wie weit dein Konto unter 0 € ins Minus gehen kann. Viele Menschen leben so von Monat zu Monat und sind praktisch wieder auf 0 €, wenn die Gehaltsüberweisung ansteht, was ziemlich kontraproduktiv ist, aufgrund der massiven Dispo-Kreditzinsen, welche in der Regel über 10 % betragen.

Von der dauerhaften Nutzung des Dispos rate ich dringend ab. Dennoch ist es sinnvoll, dass die Dispo-Höhe mindestens 1 Gehalt groß ist, sodass im Bedarfsfalle alle Lastschriften und/oder Daueraufträge verbucht werden können. Falls dein Girokonto vorübergehend nicht gerade üppig gedeckt sein sollte und hier die Miete und andere Abbuchungen bereits vor der Gehaltsüberweisung stattfinden sollten, schmälert die Zurückweisung der Buchung, falls kein Dispo-Rrahmen konfiguriert ist, deine Bonität bei der Bank und deine Vertrauenswürdigkeit bei deinen Vertragspartnern oder deinem Vermieter. Deshalb ist es ratsam, hier entsprechenden Puffer vorzuhalten.

Sparbuch

Sparbücher waren mal die beliebteste Sparform des Deutschen. Einige Leute nutzen sie auch noch und lassen sie sich mit ins Onlinebanking einbinden, aber aufgrund der 0 % Zinspolitik ist diese Form nicht mehr sinnvoll, da das Geld dort laufend weniger Wert wird. Optisch bleibt die Zahl zwar gleich, aber real gibt es immer eine Preissteuerungsrate, die sogenannte Inflation, welche dafür sorgt, dass Produkte immer teurer werden. Da es auf dem Sparbuch keinen Zins mehr gibt, ist es mathematisch klar, dass du in knapp 30 Jahren für das Geld, was du dort liegen hast, nur noch die Hälfte an Kaufkraft hast, da die Preise sich bis dort verdoppelt haben.

Tagesgeldkonto

Wie im Punkt „bezahle dich zuerst“ angesprochen, ist es sinnvoll, Tagesgeldkonten zu nutzen. Im Beispiel des Notpolsters und monatlichen Lebenshaltungskosten von 1500 € solltest du hier so lange sparen, bis du 9.000 € zusammen hast, was 6 Monate deinen Lebensstandard widerspiegelt und absichert. Dieses Geld ist dein absolutes Notpolster und du kannst es benutzen, falls du Schwierigkeiten mit deinem Einkommen hast oder unvorhergesehen Dinge kaputtgehen. Auf diesem Wege vermeidest du die Nutzung des Dispos oder gar die Inanspruchnahme eines Rahmenkredites. Bei der Bank „Moneyou“ hast du die Möglichkeit bis zu 5 Tagesgeldkonten zu erstellen und diese im Onlinebanking mit einem Verwendungszweck zu beschriften.

Neben dem Notpolster, welches du nicht anrühren solltest, ist es sinnvoll weitere Konten für unterschiedliche Verwendungszwecke anzulegen wie:

- Haushalt
- Auto
- Urlaub

So kannst du speziell für ein bestimmtes Sparziel einen monatlichen Dauerauftrag von deinem Girokonto deiner Hausbank in Richtung des Tagesgeldkontos einrichten, beispielsweise in Höhe der Einsparungen, die du im Rahmen dieses Buches mitnehmen konntest. Solltest du an dieses Notpolster gehen müssen, so fülle es im Anschluss wieder auf, bevor du anderen Dingen nachgehst.

Grundsätzlichkeiten

Grundsätzlich ist es sinnig, einen Restbestand auf dem Girokonto zu haben, bevor Rückbuchungen von einem Tagesgeldkonto stattfinden oder gar der Dispo des Girokontos in Anspruch genommen wird. Darüber hinaus ist es auch zu empfehlen, je nach Wohlbefinden und persönlicher Lagermöglichkeit auch einen gewissen Betrag in Scheinen an Bargeld persönlich zu halten um kurzfristig bankenunabhängig agieren zu können und auch keine Angst davor zu haben zum Beispiel 100€ oder mehr mit sich zu führen.

Es geht ja nicht darum, es auszugeben, sondern um die Tatsache, die es einem ermöglicht, unterwegs mit einem Taxi wieder nach Hause zu kommen oder einfach einen unwiederbringlichen Schnapper auf dem Flohmarkt zu machen, wo EC-Karten in der Regel nicht funktionieren.

Geldfluss

Du hast sicher bisher den Eindruck gehabt, dass Geld einfach von dir weg fließt und es wichtig ist, alle zu bezahlen. Aber das Wichtigste ist, dass du dich selber bezahlst. Daher nehmen wir die zuvor besprochenen Punkte mal in ein Schaubild auf um zu sehen, wie sich der Weg des Geldes verhalten kann, wenn nicht nur die anderen bezahlt werden und du durch cleveres Konten-Management und Einsparmöglichkeiten so hinzu verdientes Geld in deine Richtung fließen lässt.

Hast du zum gegenwärtigen Zeitpunkt noch Schulden, so lenke die in Summe 700 € Sparleistung wie bereits vorher empfohlen hälftig zur Abtragung deiner Schulden um, und die anderen 350 € zum Aufbau deines Notpolsters, bis dieses gefüllt ist. Sollten die Schulden getilgt sein, kannst auf die weiteren Unterkonten Geldströme verteilen. Es sollte aber wie bereits erläutert zunächst Augenmerk auf dein Notpolster gerichtet und dieses befüllt werden.

Schaubild (Geldfluss)

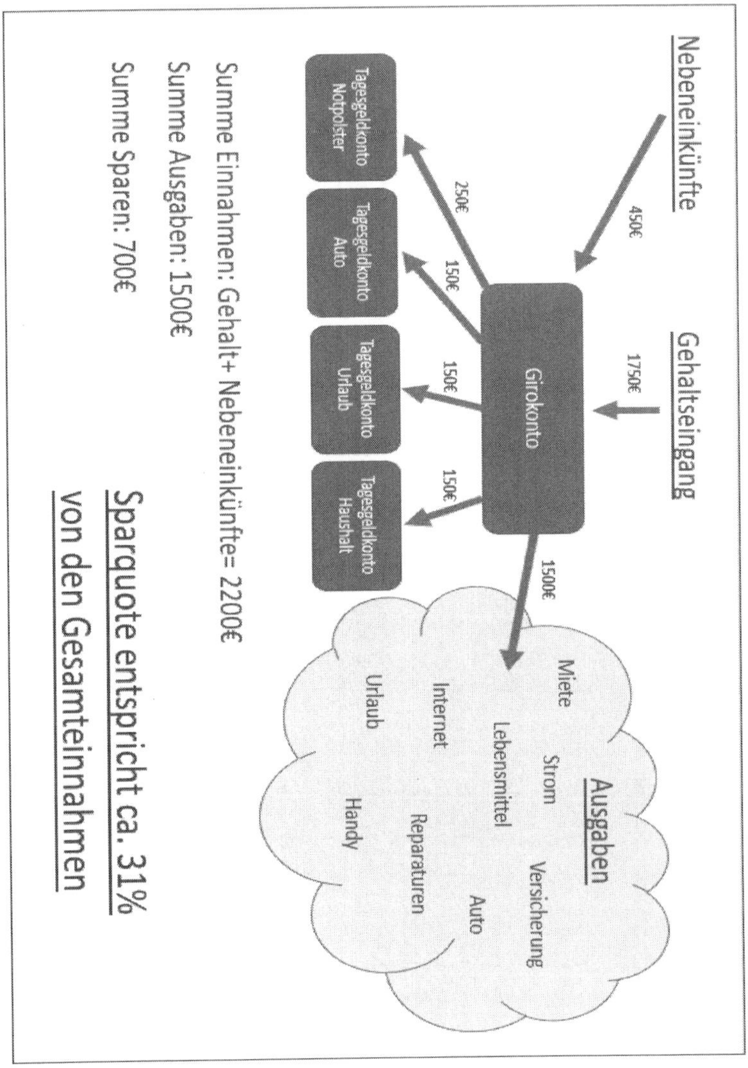

Geldanlage

Langfristige Anlage

Hast du deine Finanzen im Griff, sparst unnütze Dinge ein, hast weitere Einkommensquellen aufgetan, verfügst über ein auskömmliches Notpolster auf einem Tagesgeldkonto, bist du abgesichert und kannst dir über den nächsten Schritt Gedanken machen, den wir in diesem Buch kurz anschneiden werden. Jedoch ist direkt zu sagen, dass professionelle Geldanlage einfacher und langweiliger ist, als man denkt. Du magst es nicht glauben, aber in der Regel wird einem bei Versicherungen und Banken nur das beraten (verkauft), was dem jeweiligen Institut den meisten Profit und dem Vermittler die meiste Provision einbringt.

Die wichtigste Frage, die du dir deshalb stellen solltest, ist: Wieso kann der Mensch mir erklären, wie ich wohlhabend werde? Er müsste es selbst sein, um mir das Beste empfehlen zu können. Man ist doch in der Regel daran interessiert, von einem erfahrenen Praxisgeübten Menschen zu lernen und Dinge anzunehmen, als nur von einem „Gelehrten“, der in einem Anzug vor uns sitzt und nur wichtig aussieht. Wahrscheinlich ist er nicht wohlhabend, weil er ja wiederum auf seinen Vollzeitjob angewiesen ist und das verkaufen soll, was sein Arbeitgeber ihm vorschreibt. Wenn er wohlhabend wäre, würde er da nicht von montags bis freitags sitzen.

Hast du dich des Weiteren schon mal gefragt, warum der Kaffee nie etwas kostet? Wenn du keine Rechnung für den Kaffee oder die Beratung als solche vorgelegt bekommst, bist du das Produkt, an dem dein Gegenüber verdient. Daher meine Empfehlung: Denke selbst und bleibe freundlich aber kritisch. Du entscheidest, was mit deinem Geld passiert. Nimm es in die Hand und übernehme Verantwortung. Es abzugeben und zu sagen: Da kümmert sich jemand anders drum, wird dazu führen, dass sich jemand anders darum kümmert, und zwar zu seinem Zwecke und nicht zu deinem Wohle. Es mögen zwar unter Umständen keine grundverkehrten Produkte sein, allerdings geht das in Eigenregie besser.

Angenommen, du hast nach grob einem Jahr mit dem oben dargestellten Geldflussdiagramm auf den Tagesgeldkonten dein Notpolster von rund 6 Monatsausgaben aufgefüllt und bist dabei, die kleinen Tagesgeldkonten, für die du Verwendungszwecke definiert hast, zu befüllen, so kommt sicher die Frage auf, was du nun tun kannst. Du könntest natürlich auf die Idee kommen, zu denken, dass du jetzt, wo du so lange sparen musstest, dir endlich was gönnen willst und kannst. Aber genau so denken die meisten Menschen und treten auf der Stelle wie im Hamsterrad. Viele Gespräche mit deinen Kollegen werden sich um Urlaube oder irgendwelche Anschaffungen drehen, wo du nur Geld ausgibst und nichts einnimmst.

Stelle dich gegen den Strom, auch wenn du Gegenwind erntest. Sicherlich kann es vorkommen, dass du als geizig oder komisch abgestempelt wirst. Aber was ist daran komisch, nur, weil du deine Finanzen in Ordnung haben willst. Schert sich jemand anders insbesondere einer deiner Kollegen um dich, wenn es wirklich ernst wird? Sie sind maximal in einer Opferhaltung und beklagen sich mit „wie schlimm alles ist“ oder bemitleiden dich. Keiner von ihnen wird es für sich selber gerne sehen, dass es dir besser geht als ihm selbst. So etwas hat mit einer starken Persönlichkeit und auch mit Reichtum zu tun, dass man was Gutes für andere möchte. Erfolgreiche Menschen pushen sich einander hoch, anstatt einander zu grollen oder über andere zu reden. Lass es dir nicht von anderen kaputt machen. Wenn du das tust, was die meisten tun, wirst du auch das erhalten, was die meisten haben und das ist in der Regel relativ wenig.

Du hast jetzt die komfortable Situation, keine Schulden zu haben, ein gedecktes Konto, ein Notpolster von mehreren Monaten deiner Ausgaben und weitere Geldlagerstellen wie andere Tagesgeldkonten für kurz- bis mittelfristige Anschaffungen. Andere haben Stress, Schulden und hechten dem nächsten Urlaub oder der nächsten Anschaffung hinterher. Du kannst jetzt ruhiger schlafen.

Anlage in Eigenregie

Stell dir einmal vor, dass du, wenn du dir jetzt wie im Beispiel ein solides Fundament geschaffen hast, so richtig durchstarten kannst. Du brauchst dazu keinen anderen Menschen als dich selbst. Aktuell ist es vielleicht so, dass du einen Job und Nebeneinkünfte wie im Beispiel hast. Das heißt, dass du deine Arbeitskraft für deine Tätigkeit jeden Tag hergeben musst, welche dir vielleicht Spaß macht, aber kannst du dir das bis zum Renteneintritt vorstellen?

Es kann vieles im Leben dazwischenkommen. Dich heutzutage lediglich auf andere und auf die staatliche Rentenzahlung zu verlassen, ist in meinen Augen ein großer Fehler, dem du vorbeugen musst, damit du wie mit dem Notpolster noch ganz andere Möglichkeiten hast. Denn es ist nicht so, dass du später viel erwarten kannst, nur, weil du denkst, dass du 40 Jahre hart gearbeitet hast. Wenn du jetzt noch in geistiger und körperlich guter Verfassung bist, baue dir etwas auf, von dem du zehren kannst, um nicht alleine auf eine Rentenzahlung angewiesen zu sein.

Wieso anlegen?

Dies ist ein Einsteigerbuch, womit du deine Ausgaben sortieren, Sparmaßnahmen einleiten und Geldflüsse so umleiten kannst, dass du mehr hast als vorher. Dennoch kommst du an den Punkt, wo du dich fragst: „Was nun?“ Viele denken, jetzt kommt eine komplizierte Erklärung von Aktien und Immobilien, was aber die meisten Menschen überhaupt nicht brauchen.

Ich möchte nur die wichtigen Informationen mit dir teilen, Anregungen geben und wenn du tiefer einsteigen möchtest, habe ich dir hinten im Buch noch einige Recherchemöglichkeiten zusammengestellt von Leuten, die nachweislich bewiesen haben, dass sie sich selbst was aufgebaut haben und dies ebenso mit klaren Zahlen im Internet per Blog oder YouTube dokumentieren. Man muss das Rad nicht neu erfinden.

Dir wird sicherlich bewusst sein, dass die Weltbevölkerung wächst und ständig mehr konsumiert wird bzw. Dinge des täglichen Bedarfs immer benötigt werden. Zudem geht der technische Fortschritt immer weiter. Es wäre allerdings wie in einem Lottospiel mit dem Risiko etwas zu verlieren, hier ein paar Aktien zu kaufen, um darauf zu wetten, dass sie steigen, um sie dann mit Gewinn zu verkaufen, Jedoch ist festzuhalten, dass eine lang angelegte Anlagestrategie darauf basiert, Anteile von Unternehmen zu haben, die Gewinne erzielen. Weshalb sollte man dann das verkaufen, was einem Gewinne einbringt?

Im übertragenen Sinne sollte man die Gans, die goldene Eier legt, nicht schlachten. Stell dir einmal vor, dass die goldene Gans so dick ist, dass die Erträge (also die Eier), die daraus fließen so groß sind, wie deine monatlichen Lebenshaltungskosten. Du denkst sicher, dass es nicht möglich ist. Es ist möglich. Das nennt sich Reichtum, bzw. reich denken. Es nützt dir nichts, wenn du im Monat 10.000 € Netto, aber wie oben im Geldflussdiagramm 9000 € im Ausgabenfeld hast.

Du musst ja für die Dinge, die da Geld kosten, meist Verträge, Verbindlichkeiten oder Raten zahlen, ja wieder arbeiten gehen, Tag für Tag. Ist da nicht eine Person, welche nur 1500 € monatliche Kosten hat, weniger dafür tun muss aber mehr Zeit hat, nicht wesentlich freier? Deshalb achte nicht mehr auf das, was du siehst. Dicke Autos sind meist privat nicht bezahlt, sondern auf Pump finanziert oder dienstlich geleast. Toll aussehende Eigenheime sind auf Jahrzehnte verschuldet und es wird hier meist mit 2 Gehältern gerechnet. Wie frei sind diese Menschen? Da darf nichts passieren, sonst ist das Haus weg.

Denkst du, dass diese Menschen glücklich sind? Bevor diese Menschen ihr zu teures Auto, welches vor dem teuren und noch nicht bezahlten Eigenheim steht, abgeben, weil sie es sich nicht mehr monatlich leisten können, lassen sie erst den Gerichtsvollzieher kommen, wegen der Scham vor dem Nachbarn, weil man wahrscheinlich noch Angst hat, dass über einen geredet wird. Reichtum ist meist da, wo man ihn nicht sieht. Er fängt da an, wo man auf sich schaut und keinen Wert darauflegt, was andere von einem denken, denn das sollte ihr Problem bleiben und nicht zu deinem werden, weil du diesen Menschen Aufmerksamkeit schenkst, die nicht mal für dich Gutes wollen.

Die Menschen kaufen sich Dinge, die sie nicht brauchen, mit Geld, was sie nicht haben, um Leute zu beeindrucken, die sie nicht mögen. Durchbreche diesen Kreislauf und mache dein eigenes Ding.

Vermögenswert/Verbindlichkeit

Wie zuvor schon erklärt, gibt es einen Unterschied zwischen Vermögenswert und Verbindlichkeit. Bevor du Geld anlegst, ist es wichtig, dass zu verstehen. Eine Verbindlichkeit wie ein noch abzubezahlendes Haus oder Auto ziehen dir monatlich Raten und Unterhaltskosten aus der Tasche, denen du kaum hinterherkommst. Vermögenswerte hingegen spülen dir nach einmaliger Investition Geld zurück in deine Tasche, ohne dafür ein zweites Mal zu arbeiten und weitere Zeit aufbringen zu müssen.

Finanzielle Freiheit

Es gibt zwar unterschiedliche Begriffsdefinitionen auf diesem Gebiet und es ist auch immer eine subjektive Wahrnehmung, als was man sich bezeichnen möchte, aber im Kern geht es darum, sich Vermögenswerte anzuschaffen, die irgendwann so groß sind, dass sie Erträge in Höhe der durchschnittlichen monatlichen Ausgaben oder mehr abwerfen, ohne die Basisinvestitionen anfassen zu müssen. Die normale Erwerbstätigkeit ist dann nicht mehr so wichtig bzw. kann in Teilzeit ausgeübt werden. Wenn man ab und zu von jemanden hört, dass er kündigt, nur noch Teilzeit zu arbeiten oder auf eine Weltreise geht, könnte es sein, dass dieser Mensch Erträge produziert, die ein normales Einkommen ersetzen, ohne, dass er dafür arbeiten muss. Das hört sich für die meisten Menschen einfach verrückt an und das ist auch der Grund, weshalb die meisten Lottogewinner ganz schnell wieder alles verlieren. Sie geben die goldene Gans einfach aus, weil sie den hohen Geldbetrag sehen, anstatt die Erträge, die es abwerfen könnte, bei sinnvoller Anlage.

ETFs

Wie macht man das jetzt nun selber? Man kann natürlich hingehen und kauft 30 unterschiedliche Aktien, sodass eine Streuung da ist. Aber wer garantiert dir, dass nicht ein paar Unternehmen davon komplett irgendwann pleitegehen oder die Gesamtheit der 30 Aktien sich besser entwickeln als der gesamte weltweite Aktienmarkt? Da man das nicht sagen kann, ist es ratsam, auf sogenannte weltweit gestreute ETFs (Exchange Traded Fund) zu setzen. Übersetzt heißt das: börsengehandelter Indexfonds. Du kennst sicher den Dax. Dieser bildet die größten 30 börsengehandelten Unternehmen aus Deutschland ab. Man kann einen ETF auf den Dax kaufen und hat somit, der Gewichtung entsprechend, Bruchstücke von allen 30 Unternehmen in einer Position zusammengefasst in seinem Depot. Diese Position in deinem Depot entwickelt sich dann von der Wertigkeit her so wie die 30 größten Firmen Deutschlands.

ETFs sind sogenannte Sondervermögen, welche im Falle einer Bankenpleite nicht weg sind, sondern einfach durch eine andere Bank dir wieder zur Verfügung gestellt werden, da du ein Teileigentümer der Firmen bist, die ja noch existieren. Bei Tagesgeldkonten hingegen sieht das so aus, dass bei gängigen Banken ein Schutz bis 100.000 € besteht durch die Europäische Einlagensicherung. ETFs können monatlich schon ab 25 € mit ganz geringen Gebühren bespart werden. So wie es einen ETF auf den DAX gibt so gibt es auch ETFs auf weltweite Indizes, wo 90 % (rund 3500 Unternehmen) der investierbaren Firmen enthalten sind und man so von der Entwicklung der gesamten Welt profitieren kann. Durch die breite Streuung ist die Schwankungsbreite (Volatilität) entsprechend geringer. Wenn ein Unternehmen aus diesen 3500 pleitegeht, merkst du das in deinem Investment kaum.

Die Abbildung der Indizes mittels ETFs geht in 2 Varianten. Einmal thesaurierend und ausschüttend. Es gibt Firmen, die ihre Gewinne in Teilen an die Aktionäre ausschütten. Das nennt sich Dividendenzahlung. Nicht jedes Unternehmen zahlt Dividenden. Es gibt auch Unternehmen, die ihre Gewinne in der Firma halten und reinvestieren. Das macht sich möglicherweise an stärker steigenden Kursen bemerkbar, was aber nicht unbedingt sein muss. Im Endeffekt ist es rein mathematisch egal, ob eine Dividende gezahlt wird oder nicht. Bei Auszahlung mindert sich der Aktienkurs um die Höhe der Ausschüttung pro Anteilsschein. So auch bei ETFs.

Es ist daher eine Geschmacksfrage, ob du lieber die thesaurierende oder ausschüttende Variante wählst. Elegant ist die Ertragsverwendung „ausschüttend“ später dann allerdings, wenn du von den Erträgen leben willst. Dann kannst du die Dividenden ver-konsumieren ohne Anteile deiner ETFs in deinem Depot steuer-wirksam verkaufen zu müssen. In welche Märkte du investierst, bleibt letztlich dir überlassen aber gute Recherchemöglichkeiten bieten die Seiten www.justetf.de und www.extraetf.de, wo du dir einen Überblick verschaffen kannst und auch solltest. Man kann sein Depot darauf ausrichten, dass man die ganze investierbare Welt an Firmen in einer Position abdeckt, oder unterschiedliche Segmente wie: USA, Europa, Asien und Schwellenländer einzeln bespart. Das ist Geschmacksfrage und beliebig kompliziert gestaltbar. Dazu später mehr.

Wichtigste Kennzahlen eines ETFs für das Verständnis:

ISIN: International Securities Identification Number (Internationale Wertpapierkennnummer)

WKN: deutsche Wertpapierkennnummer

Ertragsverwendung: thesaurierend (wiederanlegend) oder ausschüttend

Indexabbildung(Replikationsmethode):

Vollständig physisch replizierend: Bei der physischen Nachbildung, auch als direkte Replikation oder vollständige Replikation bezeichnet, bildet der ETF den Index durch den direkten Kauf der jeweiligen Indextitel nach

Optimiert: Wird die Titel-Auswahl beim Sampling durch den Einsatz quantitativer Modelle getroffen, spricht man von optimiertem Sampling. Diese Näherungsmethode versucht mithilfe von Optimierungsverfahren ebenso nur wenige Titel auszuwählen, die die Index-Entwicklung stark beeinflussen. Auch bei der näherungsweisen Nachbildung investiert der ETF direkt in die ausgewählten Titel.

Sampling: Bei der Sampling-Methode werden unter Berücksichtigung bestimmter Kriterien z.B. nur die wichtigsten oder liquidesten Titel gekauft, die i. d. R. den größten Einfluss auf die Index-Performance haben.

Synthetisch: Die synthetische Replikation ermöglicht ETF-Anlegern, in neue Märkte und Anlageklassen zu investieren. Dabei investiert der ETF nicht in die zugrundeliegenden Märkte, sondern bildet diese nur ab. Der ETF hält dazu einen diversifizierten Korb aus liquiden Wertpapieren. Neben Kosten sind es auch steuerliche Überlegungen und die Güte der Nachbildung, die zur Entwicklung dieser Replikationsmethode führten. Synthetische ETFs sind in manchen Fällen über Tauschgeschäfte (Swaps) in der Lage, den Index effizienter und besser nachzubilden. So wurden Anlageklassen wie Rohstoffe und Geldmarkt erst investierbar gemacht.

TER: Total Expense Ratio entspricht der Gesamtkostenquote des ETFs in %, welche laufend vom Fondsvermögen intern abgezogen wird.

TD: Tracking Difference entspricht dem Messwert wie genau, der ETF die Aktien des abzubildenden Index nachbildet.

Fonds-domizil: Auflageland des Fonds

Geldmagnet einrichten

Wichtig in der Vorgehensweise ist, dass, wenn du dich beispielsweise für einen ETF entscheidest, der weltweit anlegt wie den „Vanguard FTSE All-World UCITS ETF", dass du schaust, ob dieser monatlich besparbar ist bei der Bank deiner Wahl. Enthalten im Vanguard all World sind sämtliche Firmen aller Industrie- und Schwellenländer. Die monatliche Sparweise ist gut, da du es mit einem Sparplan vollautomatisieren kannst und in jeder Marktphase immer neue ETF-Anteile einsammelst. Der Moment, wo du dein

Gesamtdepot nach unten wandern siehst, bekommt deinem Sparplan, da du jetzt mehr Anteile für das gleiche Geld einsammelst. Bei höher stehenden Kursen synchron dazu eben weniger.

Das ergibt im langen Schnitt einen Durchschnittskurs, auch „Cost-Average-Effekt" genannt. Die monatliche Sparweise ist darüber hinaus auch noch sinnvoll, da dir meist eine prozentuale Gebühr auf die Sparplan-höhe abgerechnet wird für Broker und Börsenspesen. Das ermöglicht geringe Sparraten zu gleichen anteiligen Kosten. Das hört sich kompliziert an, geht aber letztlich vollautomatisch. Bei den meisten Onlinebanken sind es 1,5 % vom Sparplan-wert, der abgezogen wird. Investierst du also 100 € per Sparplan, so kommen im Depot 98,5 € an. Würdest du diese 100 € manuell als Einmalkauf ausführen, so kann das weitaus höhere Kosten mit sich bringen, da meist hier eine Grundgebühr von 5-10 € pro Kauf abverlangt wird mit möglichen Börsenplatzgebühren ontop. Deshalb empfehlen sich meist größere Einmal-anlagen nur, wenn sie größer als 1000 € sind, sonst entsprechen die Gebühren für die Ausführung weit mehr als 1,5 % auf die investierte Summe. Wenn höhere Beträge zwischenzeitlich investiert werden wollen, bietet es sich an, dies stückweise zu tun über mehrere Monate, in dem man einfach den Sparplan anteilig für mehrere Monate höher setzt und das Kapital so Stück für Stück in den Markt gibt. Welche Bank, welchen ETF mit welchen Gebühren ausführt oder besparen kann, findest du wie gesagt nahezu tagesaktuell auf den zuvor genannten beiden Portalen. Hier sind größtenteils nur passive Fonds also ETFs zu finden.

Im Gegensatz zu den bei einer Filialbank angebotenen Produkte sind das meist alles für dich investierbare Positionen, die keinen Ausgabeaufschlag und eine Gesamtkostenquote (TER: Total Expense Ratio) kleiner 0,6 % haben. Bei einer Filialbank bekommst du aktive Fonds angeboten, wo ein Fondsmanager aktiv eine Entscheidung trifft, welche Aktien in das Portfolio des Fonds kommen und welche rausfliegen. Alle Leute, die sich darum kümmern, wollen schließlich bezahlt werden und das spiegelt sich in den Gebühren dieser Produkte wider, die deine Geldvermehrung schmälern. Es ist nicht so, dass du dafür Rechnungen erhältst, sondern die Entwicklung ist einfach schlechter, da die Gebühren- Konstrukte des Fonds es zulassen, dass abgeschöpft wird.

Meist sind diese Produkte in ihrer Performance weitaus schlechter als ein weltweit gestreuter ETF, um den du dich einfach nicht mehr kümmern musst, außer ihn regelmäßig zu besparen. Willst du hier was am Sparplan ändern, brauchst du dafür niemanden beauftragen. Willst du Positionen verkaufen oder aufstocken, kannst du das alles alleine und ist mit wenigen Handgriffen erledigt. Geldbewegungen können so im Bedarfsfalle relativ schnell selbständig durchgeführt werden.

Geldfluss mit Depot

Im folgenden Diagramm zeichne ich dir deinen Geldfluss auf, wenn du dir zusätzlich zu deinen bereits bestehenden Tagesgeldkonten ein ETF-Depot aufbauen möchtest, wie das dann aussieht und wie hier die Geldflüsse ablaufen. Ein Aktiendepot kann ganz einfach bei einer Online Depot Bank eröffnet werden. Du bekommst in wenigen Tagen nach Eröffnung deine ersten Unterlagen. Darin enthalten auch ein Post-ident Verfahren, womit du dich bei der Post sozusagen ausweisen gehst, dass du auch derjenige bist, der dieses Depot eröffnen möchte. Du kannst das Depot natürlich auch da eröffnen, wo du deine Tagesgeldkonten hast, allerdings ist es praktisch dein Notpolster und deine Investments auf unterschiedliche Banken zu verteilen.

Mit dem Depot ist immer ein sogenanntes Verrechnungskonto verbunden, was wie ein Tagesgeldkonto aussieht. Es ist dafür da um alle Geldbuchungen vorzunehmen. Hier werden alle Sparpläne abgezogen für die Investition aber auch Dividenden gutgeschrieben, die ein ETF meist quartalsweise ausschüttet, wenn du einen mit der ausschüttenden Ertragsverwendung auswählst.

Deine Geldbewegung wäre dann beispielsweise die folgende. Angenommen du hast dein Notpolster in Höhe von 6 Monaten auf deinem Tagesgeldkonto erreicht, was du bis zum gegenwärtigen Zeitpunkt mit 250 € im Monat bespart hast. Nun gehst du her und lenkst den Dauerauftrag von 250 € monatlich von deinem Tagesgeldkonto um in Richtung der IBAN des Verrechnungskontos des neuen Depots beispielsweise am 1. jeden Monats nach Gehaltseingang.

Dann konfigurierst du dir den ETF-Sparplan im Depot, der am 7 oder 15. des jeweiligen Monats ausgeführt wird und das Verrechnungskonto belastet, was ja ein paar Tage vorher mit deinem Dauerauftrag von deinem Girokonto mit frischem Geld beladen wurde. Viele Depotbanken bieten die ETF-Sparplanausführung am 1,7,15 oder 23. eines jeden Monats an. Monatliche, quartalsweise und jährliche Sparpläne sind auch meist möglich. Wichtig ist hier, etwas Luft von ein paar Tagen zu lassen, damit du im Fall der Fälle noch Geld auf das Verrechnungskonto überweisen kannst für die erfolgreiche Ausführung des ETF-Sparplanes oder um eine mögliche Pausierung des Sparplanes zu konfigurieren. Bitte Bedenke. Du baust dir deinen eigenen Geldkreislauf, den du in der Hand hast und wo du auch niemanden fragen musst, wenn du daran etwas änderst. Deshalb sind hier ein paar Tage Reserve immer clever zwischen den Transaktionen bzw. Sparplanausführungen.

Wie du im Diagramm in Grün sehen kannst, hast du dir deinen eigenen Geldkreislauf geschaffen. Du sparst in Richtung des Verrechnungskontos. Von hier aus wird investiert per Sparplan und es sprudeln aus dem Depot rückwärts in Richtung des Verrechnungskontos Erträge zurück, die die Unternehmen erwirtschaftet haben im Falle eines ausschüttenden ETFs. Die Ausschüttungen sind natürlich nicht garantiert wie ein Zins, sondern gebunden an tatsächliche Unternehmensgewinne. Diese können gekürzt oder auch gestrichen werden und damit ist die Dividende eben nicht der neue Zins, wie es verbreitet wird. So kannst du dir deine eigene Rente, dein eigenes Kapital-Einkommen schaffen.

Wie du im Schaubild auch sehen kannst, verbleiben nach dem der ETF- Sparplan in Höhe von 125 € ausgeführt worden ist, wiederum weitere 125 € zuvor von deinem Girokonto überwiesenen Dauerauftrages auf dem Verrechnungskonto. Dies spiegelt deinen schwankungsarmen Anteil deines Depots wider. Angenommen du hast 10.000 € im Depot voll investiert und der Markt rutscht um 35 % ab, so hast du bei Bank 3 nur noch 6.500 € aktueller Wert. Solange du das nicht verkaufst und während der Abschwungphase weiter den Sparplan laufen lässt, sammelst du weiter günstig Anteile ein, jedoch musst du diese Bewegung auch aushalten können.

Im genannten Beispiel verbleiben beim Ansparen Richtung Depot 125 € auf dem Verrechnungskonto, was bei einem Gesamtvolumen von 10.000 € 5.000 € auf dem Verrechnungskonto und 5.000 € im Depot bedeuten würde. Bei einem Abschwung des Marktes von 35 % gehen somit nur 35 % von 5.000 € im Depot runter, was deinen Gesamtabschwung (Drawdown genannt) nur bis auf 8250 € drücken würde. Hast du also eine 50/50 Gewichtung zwischen schwankungsarmen Anlagen auf Tagesgeld bzw. Verrechnungskonto und dem Depot, ist der prozentuale Abschwung deines Vermögens bei Bank 3 nur bei 17,5 % und nicht bei 35 %, wenn du 100 % voll investiert wärst.

Auch kannst du in dieser Phase deinen monatlichen Sparplan erhöhen, da du Anteile aufgrund des Abschwungs günstiger einsammeln kannst. Zudem landen mit der Zeit ja auch Dividenden auf dem Verrechnungskonto, welche du auf die monatliche ETF-Sparplan-rate aufrechnen und diesen um diesen Betrag erhöhen kannst, solange du die Dividenden nicht ver-konsumierst, was ich dir in der Ansparphase nicht empfehlen würde, da das den Zinseszins schmälert.

Schaubild (Geldfluss mit Depot)

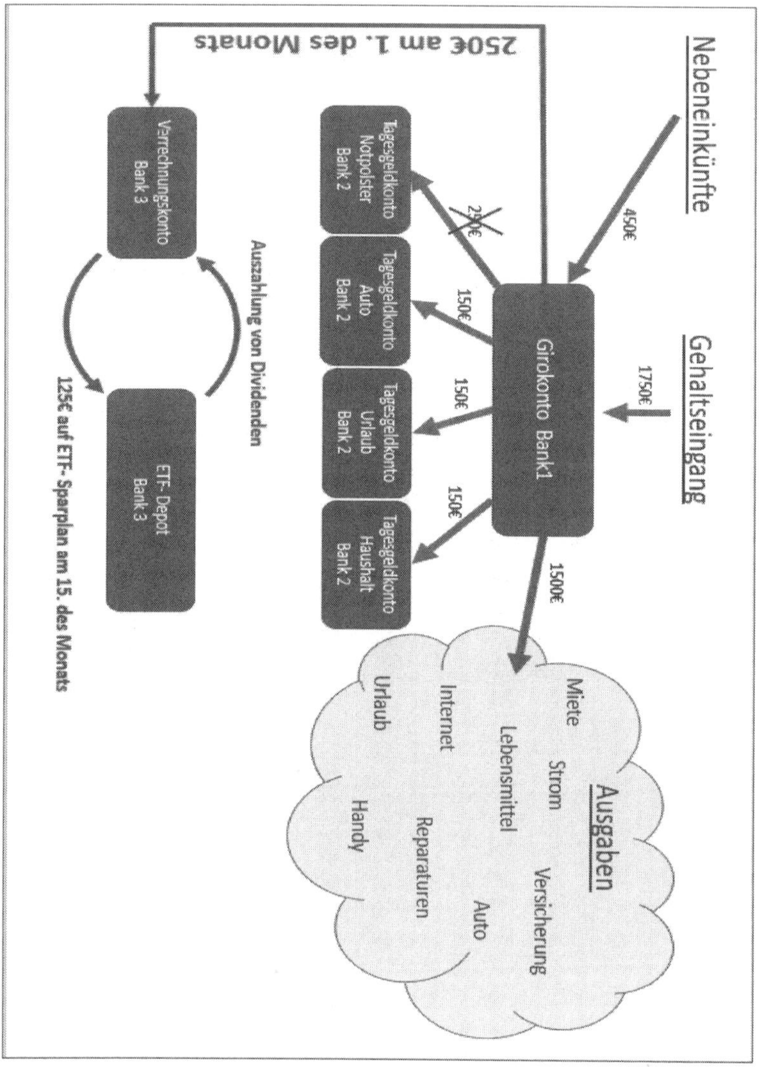

Depotstruktur

Wenn du kein eingefleischter Börsianer bist, der sich regelmäßig mit Kapitalanlage beschäftigt und die Kennwerte von Einzel-Aktien sauber beurteilen kann, so ist eine weltweit gestreute ETF-Strategie die einfachste Methode für die Altersvorsorge, welche per Sparplan passiv monatlich läuft, ohne, dass es dich viel Zeit und Nerven kostet. Die Gebühren der Produkte sind sehr niedrig und du musst keinen Handel betreiben, was immer wieder Kosten verursachen würde.

Darüber hinaus ist die Wertentwicklung des gesamten Marktes im Verhältnis zu den meisten Fonds der aktiven Fondsmanager besser, aufgrund der Passivität und niedrigen Gebühren. Manchmal ist es besser, was die Anlage angeht, einfach nichts zu tun oder eben weiter zu investieren bzw. zu sparen und weniger Anlageaktivität zu haben, auch bei Schwankungen des Depots. Rendite ist mit Risiko unmittelbar verbunden. Das eine bedingt das andere. Langfristig gibt es bei besonders starken Schwankungen eine Regression zum Mittelwert, sodass überproportionale Abschwünge oder Anstiege an den Märkten sich zurückentwickeln. Dennoch sollte man nur mit Kapital an der Börse investieren, was man mindestens 10 Jahre nicht benötigt und je nach Strategie sowieso nur aus den Erträgen irgendwann konsumieren und den Kapitalstock zur Aufzehrung nicht anrühren.

Die finanzielle Stabilität, sodass man keine Schulden hat, entsprechende Notpolster vorbereitet und seinen monatlichen Cashflow per Haushaltsbuch unter Kontrolle hat, sind hier wichtige Voraussetzungen um dauerhaft investieren zu können und auch investiert zu bleiben. Hast du hier keine ausreichenden Reserven, musst du unter Umständen schwankungsreiche Positionen in deinem Depot für deinen Lebensstandard liquidieren und zerstörst dir damit deine Altersvorsorge. Das gilt es mit Bedacht vorher zu vermeiden.

Um eine gewisse Stabilität ins Depot zu bekommen, bedient man sich einer schwankungsarmen und einer schwankungsreichen Komponente. Eine vertretene Meinung, die aber nicht unbedingt jeder teilt, ist, dass 100 Jahre minus das eigene Lebensalter die Aktienquote in einem Depot bestimmen sollen. Beispiel für einen 30-jährigen Anleger wäre: 100 Jahre – 30 Jahre = 70 % Aktienquote. Somit wäre der schwankungsarme Anteil entsprechend 30 % und der schwankungsreiche Anteil 70 %.

Kommen wir nun dazu, wie man die Anteile mit Leben füllt.

Schwankungsarmer Anteil:

In der gängigen Fachliteratur wird der schwankungs-reiche Anteil eines Depots mit Anleihen ausgestaltet. Anleihen gibt es einmal aus Länder- und aus Firmen-Sicht.

Staatsanleihen: Staatsanleihen sind sozusagen Schulden des Staates, die man kaufen kann, auch als Privatperson. Also man gibt dem Staat Geld. Unabhängig davon wie dieser wirtschaftet, geht es sich in erster Linie darum die Ausfallsicherheit zu beurteilen. Eine Staatspleite ist relativ unwahrscheinlich bzw. unwahrscheinlicher als eine Bankenpleite und daher sind Staatsanleihen aus Industrienationen relativ sicher in ihrer Ausfallsicherheit. Anleihen gibt es darüber hinaus auch im ETF Mantel. Hier ist es wie bei

Aktien. So kann man mit einer Position im Depot mehrere Staatsanleihen unterschiedlicher Länder mit unterschiedlicher Anleihen-Laufzeit in einer Position, in einem Anleihen-ETF halten. Dies ist simpel und noch breiter gestreut als eine einzelne Staatsanleihe.

Unternehmensanleihen: Unternehmensanleihen, sogenannte Corporate-Bonds, eignen sich als Beimischung im Depot. Allerdings gibt es schlechte wie auch gute Firmen, denen man Kredite geben kann, somit ist die Ausfallsicherheit hier größer und eher weniger als alleiniges schwankungsarmes Mittel im Depot geeignet.

Tagesgeld: Wie schon im Kapitel ETFs bereits angeschnitten eignen sich Tagesgeldkonten auch als schwankungsarmer Anteil eines Depots, in dem einfach hier Liquidität vorgehalten wird. Tagesgelder sind von großen Banken in der EU mit der Europäischen Einlagensicherung abgedeckt, sodass hier der schwankungsarme Anteil eines Depots 100.000 € ohne Probleme betragen kann. Allerdings muss in Zukunft darauf geachtet werden, welche Bank ab welcher Einlagenhöhe schon Negativzinsen verlangt. In unserem Beispiel von unserem 30- jährigen Anleger wäre der schwankungsarme Anteil bis 100.000 € ohne Probleme möglich, was 30 % entsprechen würde. Bei dieser prozentualen Gewichtung könnte der schwankungsreiche Anteil 233.333 € groß sein, ohne, dass man sich über die 30 % schwankungsarme Tagesgeldanlage Gedanken machen muss. Die Europäische Einlagensicherung gilt pro Bank pro Kunde für Sichteinlagen, also zum Beispiel Tagesgelder. Bei Eheleuten entsprechend das Doppelte, sprich 200.000 €.

Schwankungsreicher Anteil:

Wie zuvor schon öfters angedeutet, ist es wohl für die meisten Anleger die einfachste, bequemste, kostengünstigste, übersichtlichste und von der Performance-Seite her attraktivste Variante den schwankungsreichen Depotanteil über einen weltweit gestreuten ETF abzudecken. Darüber hinaus möchte ich aber dennoch weitere Differenzierungen aufzeigen und mögliche Beispiele, anhand dessen man sich die Zusammensetzung online anschauen und sich das Beste für sich heraussuchen kann.

1) Möglichkeit: 1 Welt-ETF

Anlage in einen weltweit gestreuten Aktien ETF, welcher rund 3500 Aktien aus der ganzen Welt enthält. Dies entspricht rund 90 % der investierbaren Aktien aus Industrie- und Schwellenländern. Wahlweise kann man diesen thesaurierend oder ausschüttend wählen. Also entweder werden Erträge einbehalten und innerhalb des ETFs wieder in neue Anteile der beinhalteten Aktien investiert oder man verfolgt die ausschüttende Variante, die einem einen Kapitalstrom aus Dividenden auf das Verrechnungskonto ermöglicht. Im Falle des beschriebenen ETFs quartalsweise.

Name: Vanguard FTSE All World ETF

ISIN: IE00B3RBWM25

In Zahlen bei einer monatlichen Überweisung auf das Verrechnungskonto von 250 € und einer einem schwankungsarmen Anteil von 30 %:

Pos1: Vanguard FTSE All World ETF = 175 €

Pos2: Verrechnungskonto: 75 €

2.) Möglichkeit: 2-Welt ETFs

In der Regel sind in einem einzigen Welt-ETF wie dem Vanguard FTSE All World zu 90 % Industrienationen und zu 10 % Schwellenländer wie Russland, China und Südamerika enthalten. Wem die Gewichtung der Schwellenländer zu kurz kommt, kann die Welt auch mit 2 ETFs abdecken und die Gewichtung zwischen Industrie und Schwellenländer selbst wählen.

Name: Vanguard FTSE Developed World ETF (Industrie)

ISIN: IE00BKX55T58

Name: Vanguard FTSE Emerging Markets ETF (Schwellenländer)

ISIN: IE00B3VVMM84

In Zahlen bei einer monatlichen Überweisung auf das Verrechnungskonto von 250 € und einer einem schwankungsarmen Anteil von 30 % mit Aufteilung von Industrie-, Schwellenländer 70/30:

Pos1: Vanguard FTSE All World ETF = 122,50 €

Pos2: Vanguard FTSE Emerging Markets ETF= 52,50 €

Pos3: Verrechnungskonto: 75 €

3.) Möglichkeit: Länder-basierte Aufteilung

Natürlich lässt sich die Splittung der Märkte granular weiter vornehmen, sodass man Industrie und Schwellenländer nach gängigen Märkten aufteilt wie USA, Europa, Asien, Emerging Markets. Sinnvoll kann das bei größeren Depots im 6- stelligen Bereich sein und wenn man beispielsweise bestimmte Sektoren der Welt oder eine auf Dividenden basierte Strategie als Beimischung hinzufügen möchte. Beispiele finden sich auf folgender Webseite, wo auch Experten Portfolios und deren Zusammensetzung zu sehen sind. Man kann diese so nachbauen und selbst besparen je nach Anlageziel. Bei einigen Brokern ist die Mindestanlage pro ETF-Position 50 €, was in der kleinsten Gewichtung von 5 % dann 1000 € Gesamtsparrate im Monat ausmachen würde. Mehr an ETF-Positionen ist aber wie gesagt nicht besser, denn in Möglichkeit 1 sind bereits 90 % aller investierbaren Aktien der Welt enthalten. https://de.extraetf.com/etf-portfolio

Neben flüssigen Bar-beständen, Notpolster auf Tagesgeldkonten, einer deinem Risikoprofil entsprechenden Aufteilung des schwankungsarmen- und schwankungsreichen Anteil deines Depots, solltest du bei entsprechender Größe auch über Edelmetalle zur Absicherung nachdenken. Die Wahrscheinlichkeit, dass du es benötigst, ist zwar gering, aber du hast dadurch eine weitere Assetklasse in deinen Anlagen, die immer werthaltig ist. Beispielsweise Gold lässt sich über physische Barren, auch schon im 1 Unzen-Format (31,1 Gramm) erwerben, die du selbst einlagerst oder einlagern lässt, oder du kaufst Xetra Gold (1 Anteil = 1 Gramm Gold), welches man sich im Bedarfsfalle auch ausliefern lassen kann. Dieses lässt sich auch per Sparplan besparen.

Tipps für die Auswahl der ETFs

1) Alter des Fonds:

Das Alter sollte möglichst älter als 5 Jahre sein.

2) Volumen des Fonds:

Das Fondsvolumen sollte nach Möglichkeit mindestens 500 Millionen € betragen oder gar im Milliarden-Bereich liegen. Damit wird die Gefahr der Liquidierung oder Schließung des ETFs gesenkt.

3) Anbieter des Fonds:

Die größten ETF-Anbieter in Deutschland sind iShares des US-Vermögensverwalters BlackRock und db X-trackers der Deutschen Asset Management. Auf den Plätzen folgen Lyxor ETF, UBS ETF, Amundi ETF, Vanguard, Source, ComStage und Deka Investments.

4) Wertentwicklung:

Die Wertentwicklung sollte nicht stark von einem Standard MSCI World abweichen, sonst sollte man das Investment infrage stellen.

5) Fondsdomizil:

Das Auflageland ist seit der Steuerreform 2018 nicht so relevant, wie es vorher gewesen ist. Vor 2018 hatten ETFs, die das Fondsdomizil Deutschland hatten, einen klaren Steuervorteil, da es sich hier um sogenannte steuer-einfache ETFs handelte. Sowohl thesaurierende als ausschüttende ETFs haben keine weitere steuerliche Erklärung gebraucht und waren mit der Abgeltungssteuer über den Broker abgegolten. Ausländisch aufgelegte ETFs hingegen, die auch noch mindestens teil- thesaurierten waren „steuer-hässlich“, was dazu führte, dass man diese ausschüttungsgleichen Erträge, welche man wiederum nur über den Steueranzeiger bei entsprechender Meldung herausbekommen hat, dann in der Steuererklärung angeben musste. Das wurde ab 2018 erklärungstechnisch vereinfacht. Allerdings ist hier im Detail ein Steuerberater zu befragen, je nach ETF. Dies ist im Einzelfall zu prüfen und vom aktuellen Steuerrecht abhängig.

6) Tracking-Qualität:

Die Tracking Difference sollte möglichst gering sein, sodass der ETF den Index möglichst gut abbildet.

7) Steuer:

Am 1. Januar 2018 trat ein neues Investmentsteuergesetz in Kraft, das die Besteuerung von ETFs anders als bisher regelt. ETFs, die günstiger besteuert werden als andere, sind mit der Gesetzeslage Geschichte. Dennoch gibt es im neuen Gesetz eine sogenannte Teilfreistellung, die die Steuerlast senken kann. Insbesondere gilt das bei „Aktienfonds” – mit einer Aktienquote von 51 % oder mehr – und „Mischfonds” – mit einer Aktienquote von 25 % oder mehr. Sogenannte „Quellensteuern” können im Vergleich zu früher nicht mehr angerechnet werden.

8) Sparplan-fähigkeit:

Es sollte nach Möglichkeit bei mehreren, ausgewählten Position erst die Depotzusammenstellung gemacht werden und dann geschaut werden, wo diese ETFs auch alle besparbar sind. Das ist wichtiger beim Vermögensaufbau als kurzfristige Angebote, wo mal ein ETF im Angebot ist, der sich kostenneutral für einen kurzen Zeitraum besparen lässt.

Freistellungsauftrag

Bei Dividenden, die dir gutgeschrieben werden, ist in der Regel Abgeltungssteuer zu entrichten. Das sind 25 % + Soli und ggfls. Kirchensteuer also insgesamt knapp 27 %. Das hört sich wieder kompliziert an, ist es aber nicht. Du hast im Depot eine digitale Postbox, wo du nach Gutschrift der Dividende eine Ertragsabrechnung und eine Steuermitteilung finden solltest. Da steht genau drauf, was wie verrechnet wurde. Wenn du ein Depot bei einer Onlinebank in Deutschland führst und du bei der Eröffnung deine Steuer ID angegeben hast, kommt nur der Netto Betrag bei dir an. Der Onlinebroker übernimmt in der Regel die Abführung an das Finanzamt. Es gibt aber eine wichtige Sache, die keiner verschenken sollte und das ist der Freistellungsauftrag. Jeder Single hat 801 € Kapitalerträge frei, wovon keine Steuern abgezogen werden. Bei Eheleuten sind dies 1602 €.

Gehen wir von einem Single aus. Du bist dazu verpflichtet diese 801 € auf deine Banken zu verteilen, sodass du insgesamt auf 801 € kommst. Da du kaum mehr was für Tagesgelder bekommst, macht es Sinn bei der Bank 2, wo du dein Notpolster oder auch andere Tagesgeldkonten liegen hast, einen geringen Betrag einzutragen beispielsweise 50 €. Somit kannst du bei dieser Bank Erträge, Dividenden oder Zinsen bekommen, ohne, dass dir dafür Kapitalertragssteuer, auch Abgeltungssteuer genannt, abgezogen wird. Die restlichen 751 € kannst du bei Bank 3 konfigurieren. Das hat den Vorteil, dass du hier rund 30.000 € an Vermögen im Depot haben kannst, welches dir rund 2,5 % Dividendenrendite in einem breit gestreuten ETF als Dividende ausschüttet, also nominal die 751 €, ohne, dass davon Steuern abgezogen werden. Erst für Erträge darüber hinaus geht ungefähr ¼ ab, bevor es dein Verrechnungskonto erreicht.

Geldverständnis

Wir haben in einem vorherigen Kapitel bereits davon gesprochen. Die finanzielle Freiheit. Was ist das nun genau und wie lässt sich das für einen selbst messen? Dazu gibt es einfache Sichtweisen und wissenschaftlich belegte Formeln, die einem im Alltag helfen, einen offenen Blick für diese Dinge zu bekommen. Grundsätzlich denken viele Menschen, dass es sicher ist, einen Angestelltenjob zu haben. Damit liegen sie auch in Teilen richtig. Die Menschen machen so viel, dass sie diesen Job bekommen und machen danach nur das Nötigste um diesen nicht zu verlieren. Eifrige Menschen tendieren dazu, die Karriereleiter aufsteigen zu wollen. Klar kann es für den ein oder anderen Menschen erstrebenswert sein, eine Führungsposition einzunehmen und dadurch mehr Verantwortung und auch mehr Geld zu verdienen. Dies ist auch eine wichtige Fähigkeit im unternehmerischen Sinne. Jedoch wird man so sehr stark eingebunden und verpflichtet und hat oft kaum noch Freiräume.

Wenn hier der Lifestyle dem Einkommen angepasst wird, hat man gar keine andere Chance, als sich diesem Stress auf der Arbeit zwangsläufig auszusetzen. Für andere Dinge bleibt in der Regel keine Zeit mehr. Wenn du deinen Cashflow wie in den Kontensystemen, die ich zuvor erklärt habe, sauber aufgesetzt hast, bist du in der Lage locker 50 % jeder Mehreinnahme oder jeder Gehaltserhöhung mehr zu sparen oder zu investieren. Hast du vorher kein Kontensystem und klare Regeln, wird sich dein Lifestyle deinem neuen Einkommen sehr schnell anpassen und du trittst aus finanzieller Sicht auf der Stelle (siehe Parkinsonsche Gesetze). Eher wird die Gefahr noch größer, wenn an deinen Geldeingängen Änderungen stattfinden, dass es dich aus der Bahn wirft finanziell. Um ein paar Beispiele zu liefern, wie wichtig es ist, seinen monatlichen Cashflow unter Kontrolle zu haben, nehmen wir das Beispiel vom Lottospielen.

Angenommen, Lotto kostet dich 15 € im Monat. Das sind 180 € im Jahr Netto aus deinem bereits versteuertem Bruttolohn. Was müsstest du angelegt haben bei einer durchschnittlichen Dividendenrendite von 2,5 %, damit du einen passiven Geldstrom erzeugen kannst, der dir diese 15 € monatlich abwirft? Du machst also die folgende Rechnung: 15 € x12 Monate=180 € Jahreskosten. 180 € geteilt durch 0,025= 7200 €. Das ist die Höhe des zu investierenden Kapitals, welches du angelegt haben musst, damit du 15 € monatlich erhältst aus einer weltweit gestreuten Anlage mittels eines ausschüttenden ETFs.

Wer von dieser Seite her denkt, geht anders mit seinem Geld um. Anders herum könntest du auch denken, wenn du es investiert hast. Ab jetzt habe ich ein Leben lang jeden

Sonntag frische Brötchen kostenlos, ohne, das dafür investierte Kapital anzufassen, was im Zweifel ja immer noch da ist, natürlich mit dem jeweiligen Zeitwert der aktuellen wirtschaftlichen Lage und langfristig wird diese immer besser. Besser ist es aber die goldene Gans wachsen zu lassen und nur die Eier, die sie abwirft, also die Dividenden, zu verkonsumieren. In der Ansparphase ist es allerdings sinnvoller die zurückfließenden Dividenden wieder zu reinvestieren. Dafür bekommst du wieder neue Anteile, die wiederum Dividenden abwerfen. Der Prozess kann Jahre dauern, bis du davon profitierst, wenn wir ehrlich sind. Allerdings ist es toll, es wachsen zu sehen und erste Erfolge stellen sich schnell ein. Besonders die erste Dividende, die du bekommen wirst, bevor du dir den ersten Kaffee morgens gemacht hast, ist ein tolles Erlebnis.

4-% Formel

Wie groß muss denn nun die goldene Gans sein?

Kurz gefasst: Das 25- fache deiner jährlichen Ausgaben.

Wozu betreibe ich das Ganze? Nun ja, es kommt ganz auf deine Ziele an. Nehmen wir an wie im fortwährenden Beispiel hast du monatliche durchschnittliche Lebenshaltungskosten von 1500 € im Monat und dein Ziel ist es, dass du diese Kosten aus einem Kapitaleinkommen decken möchtest und keine Minute mehr arbeiten gehen willst, dann lautet die Rechnung wie folgt:

- Jahreskosten: 1500 € Netto x 12 Monate = 18.000 €
- Brutto exkl. Kapitalertragssteuer: 18.000 € / 0,75 = 24.000 €
- Notwendiges Anlagekapital bei einer Ausschüttungs-rendite von 2,5 %:

24.000 € / 0,025= 960.000 €

Und da haben wir sie, die 1 Million €. Für viele ist es ein Batzen Geld, hinter dem viele Wünsche stecken. Für andere ist es die Freiheit, mit einem sparsamen, bewussten Leben jeden Tag entscheiden zu können, was du tust, mit wem und wo du was machst, ohne einer Abhängigkeit eines Dritten unterliegen zu müssen.

Jetzt denkst du sicher, 960.000 € ist viel. Ja ist es, gerade, wenn du aktuell ganz andere Sorgen hast. Deshalb stellen wir weitere Rechnungen an. Die 2,5 % Dividendenrendite eines weltweit gestreuten ETFs sind lediglich die Erträge, die fließen. Das Anlagekapital selbst wächst aber auch weiter. Die historisch belegte Gesamtrendite im langen Schnitt (über 10 Jahre) der Weltmarktwirtschaft liegt bei über 7,5 %, sprich neben den fließenden Dividenden wächst das angelegte Kapital im Schnitt alleine weiter mit rund 5 %. Es gibt Jahre, in denen es massiv fällt, wie Anfang 2020, aber es gibt auch Jahre wie das gesamte Jahr 2019, in denen der gesamte Markt um über 20 % steigt. Somit ist klar, dass du das gesamte Kapital nicht selbst ersparen musst über einen längeren Zeitraum und dir der Zinseszins dabei hilft.

Historische Werte haben zudem belegt, dass man aus einem Portfolio 4 % jährlich entnehmen kann, ohne, dass es jemals komplett auf 0 € geht. Wer sich hier im Detail damit auseinandersetzen möchte, kann sich hier einlesen (Stichwort SWR- safe withdrawal rate und Trinity Studie) übersetzt: sichere Entnahmerate eines Portfolios. Also wenn wir maximal 4 % jährlich aus dem Portfolio entnehmen wollen und 2,5 % im Schnitt eh schon an Dividende bekommen, benötigen wir nur leichte Teilverkäufe von 1,5 % des Gesamtdepots, die wir entweder jährlich oder verteilt je nach Depotgröße und Verkaufsgebühren auch öfters verteilt im Jahr entnehmen. Dann sieht die Rechnung so aus:

- Jahreskosten: 1500 € Netto x 12 Monate = 18.000 €
- Brutto exkl. Kapitalertragssteuer: 18.000 € / 0,75 = 24.000 €
- Notwendiges Anlagekapital bei einer Entnahme von 4 % im Jahr was 24.000 € entsprechen soll inkl. Dividenden:
  24.000 € / 0,04= 600.000 €

600.000 € hört sich schon anders an als 960.000 €. Aber vielleicht denkst du immer noch, dass es nach unerreichbar viel Geld aussieht. Daher eine weitere Überlegung. Unsere Rechnung basierte darauf, dass du keinen Cent mehr verdienst. Nehmen wir an, dass du ab einem gewissen Zeitpunkt nur noch halbtags arbeiten möchtest und dein Lohn bis dahin nicht gestiegen ist, um die Rechnung einfacher zu gestalten. Aber in der Regel steigen die Löhne schon mit der Inflation an. Für einen im Beispiel angenommenen Nettolohn von 1750 € benötigst du grob 2700 € Brutto mit Steuerklasse 1 im Monat. Wenn du jetzt nur noch 50 % auf Teilzeit arbeiten gehen möchtest, erhältst du noch rund 1350 € Brutto. Dadurch, dass du weniger verdienst, werden dir prozentual gesehen weniger Steuern abgezogen. Dir bleiben rund 1000 € Netto davon übrig. Die Differenz zu deinen Lebenshaltungskosten wären demnach 500 € Netto.

Um diesen Betrag mit Kapitalverzehr, also 4 % Entnahme aus einem Depot zu realisieren, benötigst du folgendes Kapital:

- Jahreskosten: 500 € Netto x 12 Monate = 6000 €
- Brutto exkl. Kapitalertragssteuer: 6.000 € / 0,75 = 8.000 €
- Notwendiges Anlagekapital bei einer Entnahme von 4 % im Jahr was 8.000 € entsprechen soll inkl. Dividenden:
  8.000 € / 0,04= 200.000 €

Sprich, du bräuchtest neben deinem Teilzeitjob auf 50 % ein angelegtes Kapital von rund 200.000 €, wo du jährlich 4 % entnehmen kannst, was dir wiederum 500 € relativ sicher dauerhaft bringt, um deinen Nettolohn von 1000 € um 500 € aufzustocken, um auf deinen Lebensstandard zu kommen. Bedenke bitte, falls du so etwas machen solltest, wie lange du noch bis zur staatlichen Rentenzahlung hast und wie viel du dort bereits eingezahlt hast.

Der Teilzeitjob hat den Vorteil, dass du noch krankenversichert bist und immer noch in die Rente einzahlst und daraus dann später auch noch Zahlungen erhältst. Nicht zu vergessen ist jetzt, dass du in der Woche bereits ab Mittwochmittag frei hast: 2,5 Tage arbeiten, dann 4,5 Tage frei.

In der ursprünglichen Rechnung hatten wir angenommen, dass du einen Nebenjob von rund 450 € im Monat hast. Wenn wir diesen mit in unsere Rechnung nehmen, bräuchtest du die Erträge deines Vermögens neben deinem Teilzeitjob kaum anrühren, da du schon 1450 € verdienst. Was ist passiert? Du hast dir 3 unterschiedliche

Einkommensquellen geschaffen, benötigst aber eigentlich nur 2 davon. Das wichtigste ist aber, dass du nun Möglichkeiten hast. Wer nur eine Einkommensquelle hat, die durch die monatlichen Ausgaben nahezu vollständig aufgezehrt wird, hat diese wiederum nicht. Bei Reichtum geht es sich nicht darum alles haben zu können, sondern das nicht tun zu müssen, was man eben nicht will. „Nein“ sagen zu können, ist ein machtvolles Instrument für dein Leben, mit dem du deinen Interessen nachgehen kannst und nicht für alles fragen musst.

Sparquote

Du hast jetzt mehrmals was von der Sparquote gelesen. Diese ist besonders wichtig und entscheidet darüber, wie viele Jahre du brauchst, bis du das Kapital erreichst, aus dem du deinen aktuellen Lebensstandard finanzieren kannst. An der folgenden Tabelle kannst du dich grob orientieren, wie lange du brauchen würdest:

Sparrate	Rendite 4%	Rendite 5%	Rendite 6%
5%	76 Jahre	61 Jahre	51 Jahre
10%	59 Jahre	47 Jahre	40 Jahre
15%	48 Jahre	39 Jahre	33 Jahre
20%	40 Jahre	33 Jahre	28 Jahre
25%	35 Jahre	29 Jahre	24 Jahre
30%	31 Jahre	25 Jahre	21 Jahre
40%	24 Jahre	19 Jahre	16 Jahre
50%	18 Jahre	14 Jahre	12 Jahre
60%	13 Jahre	11 Jahre	9 Jahre
70%	9 Jahre	8 Jahre	6 Jahre
75%	8 Jahre	6 Jahre	5 Jahre
80%	6 Jahre	4 Jahre	3 Jahre
90%	3 Jahre	3 Jahre	2 Jahre
95%	2 Jahre	2 Jahre	1 Jahr

Anhand der Zahlen aus unserem Beispiel gehen wir es nochmal gemeinsam durch:

- Nettolohn: 1750 €+450 € = 2200 € Netto
- Ausgaben: 1500 € Lebenshaltungskosten
- Sparquote: 700 € / 2200 € = 31,8 %

In der Tabelle siehst du, dass du rund 21 Jahre benötigst, bei einer Sparquote von 30 %, bis du auf den Kapitalstock kommst, den du benötigst, mit einer relativ aggressiv gerechneten Entnahmerate, die etwas über 5 % geht, der dir deine durchschnittlichen Lebenshaltungskosten dauerhaft decken kann. Darüber hinaus ist es ohnehin in der Entnahmephase ratsam eine gewisse Liquiditätsreserve auf den Verrechnungskonten zu halten um bei schwachen Marktphasen nicht oder nach Möglichkeit sehr wenig im Depot verkaufen zu müssen und du aus den Barbeständen schöpfen kannst für deine monatliche Rücküberweisung auf dein Girokonto für deine Lebenshaltungskosten (siehe: sequence of return risk). Zudem siehst du aber und das ist der wichtigste Punkt, dass die Sparquote massiv Einfluss nimmt und nur wenige Prozente hinten raus Jahre bedeuten für dich.

72er-Regel

Mithilfe dieser aus der Finanzmathematik hergeleiteten Formel lässt sich in etwa abschätzen, wie lange es dauert, bis sich ein bestimmter Geldbetrag verdoppelt. Dazu genügt es, die Zahl 72 durch den Zinssatz zu teilen. Diese Regel gilt sowohl für Guthaben als auch anders herum für Schulden.

Beispiel: Du legst 10.000 € mit einem festen Zinssatz von 2 % an (den es aktuell nicht mehr gibt im Jahr 2020). So sind daraus nach 36 Jahren 20.000 € geworden. Rechnung: 72/2= 36 Jahre. Rechne es mit einem Zinseszinsrechner online nach. Mit dieser einfachen Formel verblüffst du jeden, wo eine Zinseszinsrechnung ansteht und du nach wenigen Sekunden die Lösung bis auf wenige € raushaust.

Mit dieser Regel hast du in Zukunft einen Anhaltspunkt, wie lange es dauert, bis sich ein Betrag verdoppelt. Anbei die dazu gehörige Tabelle:

Zinssatz in %	Anlagedauer in Jahren
1	72
2	36
3	24
4	18
5	14,4
6	12
7	10,3
8	9
9	8
10	7,2
11	6,5
12	6
13	5,5
14	5,1
15	4,8

Angenommen, du schaffst es bis zum 30. Lebensjahr, 100.000 € zu sparen bzw. zu investieren. Dies breit gestreut, wie in unserem Beispiel angelegt, kann sich durchaus bis zu deinem Renteneintritt 2 -3x verdoppeln und es können daraus durchaus 500.000 € werden. Natürlich ist das Geld dann zu diesem Zeitpunkt von der Kaufkraft her nur noch halb so viel wert, aber dennoch hat sich die Kaufkraft dann massiv für dich gesteigert zum Initialinvestment. Rechnung: 72/2 % (grobe durchschnittliche Inflationsrate) = 36 Jahre

Dieses Rechenbeispiel beinhaltet auch, dass keine weiteren Sparraten einfließen, sondern dass das Kapital einfach nur angelegt bleibt.

300-er Regel

Mit der 4 % Formel und der 72-er Regel bist du jetzt in der Lage, um dich herum finanzielle Dinge so zu bewerten, dass du erkennen kannst, was dir langfristig entgeht. Mit jeder Ausgabe, die 300 € kostet, entgeht dir 1 € an passivem Einkommen, den du monatlich zur Verfügung gehabt hättest, wenn du diese 300 € nicht ausgegeben hättest und das für die Länge deines gesamten Lebens, Monat für Monat.

Wo kommt diese Zahl her? Ganz einfach: 300 € x 0,04= 12 € im Jahr geteilt durch 12 Monate= 1 € im Monat

Dabei sind die 0,04 unsere bekannten 4 %

Also angenommen, du träumst von einem Auto, was allerdings 60.000 € kostet. Du sparst dir dieses Geld hart ab und kaufst dir das Auto. Was kostet dich das nach unserer Formel?

60.000 € x 0,04= 2400 € im Jahr geteilt durch 12 Monate=200 € im Monat

Diese Entscheidung kostet dich also nach Durchführung rund 200 € an passivem Einkommen Monat für Monat ein Leben lang. Ist das sinnvoll? Für viele ist das bereits die Hälfte der Kaltmiete. Machst du das 2 x in deinem Leben, so fährst du fast mit einer Monat für Monat verschenkten Miete durch die Gegend, die auch noch täglich an Wert verliert und dir zusätzlich noch Geld aus der Tasche zieht. Viele Menschen sparen ja nicht mal mehr für das Auto, sondern zahlen noch monatlich eine Rate obendrein und holen sich das, wo sie morgen noch für arbeiten müssen. Da werden nicht nur Opportunitäten zerstört, sondern monatliches Gehalt, was man zusätzlich anderweitig sinnvoll hätte einsetzen können, vernichtet und obendrauf Zinsen gezahlt. (denke an die 72-er Regel, diese greift auch hier).

Eine Bank, die dir was finanziert, ist daran interessiert, dich möglichst lange zahlen zu lassen. Es ist ein monatlicher Cashflow für sie, für den du arbeiten gehst. Aus diesem Grunde geben Banken ja so gerne Geld. Sie erschaffen es, du materialisierst es in Dinge und wehe du zahlst die Zinsen nicht, dann gehört es der Bank, denn diese sichert sich ab. Beim Auto behält sie den Fahrzeugbrief, beim Haus trägt sie sich mit einer Grundschuld in dein Grundbuch ein. Deshalb ist es auch ein Hohn eine Bank zu fragen, was man sich monatlich leisten kann. Denn die Antwort ist klar: so viel und so lange wie möglich aus Sicht der Bank. Sie rechnen nur mit der Ausfallwahrscheinlichkeit deiner Person, die den Kapitaldienst nicht mehr aufbringen kann, denn dann würde ihre Zinszahlung, also die

Wertschöpfung enden. Dass man eine hohe Summe finanziert bekommt, hat bei weitem nichts mit Wohlstand zu tun.

Daher mein Tipp an dich: Gehe durchs Leben und schaue bei großen Preisen, was diese dich an passivem Einkommen ein Leben lang kosten würden, also dir entgeht und überlege dir bei kleinen Preisen, wie viel du investiert haben musst, damit du dieses Produkt, wie zum Beispiel jeden Sonntag frische Brötchen, kostenlos erhältst.

Juniordepot

Hast du Nachwuchs oder bist bereits Tante oder Onkel, gibt es eine weitere sinnvolle Überlegung, die nicht jeder auf dem Schirm hat. Man kann bereits für dieses junge Kind im Namen des Kindes ein Depot eröffnen und einen kostengünstigen ETF-Sparplan anlegen ab 25 € im Monat. Während das Kind aufwächst, wächst das Depot dann mit, denn wie wir gelernt haben, spielt Zeit des investierten Kapitals eine große Rolle.

Das alleine ist schon grundsätzlich eine sinnvolle Sache, damit das Kind es später einfacher hat. Natürlich muss es aus finanzieller Sicht immer noch selbst wissen, was es mit seinem Leben später anfängt. Man kann einen 18-jährigen Menschen nicht davon abhalten, dass er sein Depot auflöst, weil er das Geld haben will. Es gibt aber einen Punkt, den unterscheidet ein Junior- von einem normalen Depot. Wir sprachen zuvor vom Freibetrag an Kapitalerträgen, den man per Freistellungsauftrag im Jahr hat. Bei einem Single waren das 801 €, bei einem Ehepaar

1602 € im Jahr. Ein Kind hat nicht mehr, allerdings hat dieses in der Regel bis mindestens 16 Jahre kein Erwerbseinkommen.

Und das ist der Punkt. Die Einkommenssteuer sieht vor, dass diese erst ab einem Jahreseinkommen von 9408 € greift (Stand 2020) In der Regel verdient ein Kind oder dann Jugendlicher erst mit 16 Jahren Geld, wenn es eine Ausbildung beginnen sollte, falls nicht später studiert wird. Diese Jahreseinkommensgrenze von 9408 € ist dann interessant für jemanden, der kein Einkommen hat, denn das Kind hat in der Regel mindestens 16 Jahre keines. In diesem Fall, da das Juniordepot auf dem Namen des Kindes läuft, hat es nicht nur Kapitalerträge von 801 € frei, sondern die ganzen 9408 €. Es reicht allerdings an dieser Stelle nicht aus, einen Freistellungsauftrag zu stellen.

Hier ist eine Nichtveranlagungsbescheinigung erforderlich. In diesem Szenario kann das Depot wesentlich größer sein, bevor Kapitalerträge bezahlt werden müssen. Das sind Größen des Depots, die in aller Regel kaum jemand für ein Kind erreichen wird in dieser Ansparzeit, da sich die Depotgröße bei über 370.000 € befinden müsste bei einer Ausschüttungsrendite von 2,5 % im Jahr, bis diese Grenze erreicht ist. Hier ist auch ganz klar zu sagen, dass dies steuerlich ein Thema werden könnte, aufgrund Erbschafts- und/oder Schenkungssteuer, je nach Verwandtschaftsgrad, in diesen Dimensionen und hier auf jeden Fall ein Steuerberater zurate zu ziehen wäre, wenn die monatlichen Sparsummen höhere 4-stellige Beträge oder gar höhere Einmalzahlungen darstellen sollten.

Vermögensaufstellung

Wie eingangs angesprochen und am Beispiel des Haushaltsbuches gezeigt, ist es wichtig, einen Überblick über seine Ein- und Ausgänge im laufenden Monat zu haben. Nennen wir es Gewinn- und Verlustrechnung. Nachdem wir in der Lage sind, diese zu optimieren, unsere Sparquote zu ermitteln und dafür entsprechende Geldlagerstellen auf externen Tagesgeldkonten anzulegen, ist es nun wichtig, Bilanz zu ziehen. Wo stehst du?

Es ist wichtig, sowohl den ganzen Monat einen Überblick über deine Kontenbewegungen zu haben, als auch über deine gesamten Vermögenswerte, die eben, wie in den Kontenmodellen gezeigt, unterschiedliche Ebenen und Schutzmechanismen haben. Mit der Auflistung deiner Vermögenswerte kannst du deinen persönlichen Grad der finanziellen Freiheit messen. Ein wirklich tolles Toll dafür ist „Portfolio Performance". Es ist sogar kostenlos. Hier kannst du dann, angefangen von deinen Tagesgeldkonten, bis zu langfristigen Anlagen wie ETF- oder Aktiendepots erfassen, um diese in der Entwicklung sauber nachverfolgen zu können.

Bezogen auf die Erfassung möglicher Depots hast du hier viele Möglichkeiten der Darstellung wie den zeitlichen Verlauf, die Entwicklung der Werte, das Erfassen von Erträgen, Steuern und Gebühren, was dir eine reine Online- Depotansicht nicht in Fülle bietet. Wenn du die 4 % Formel verfolgen solltest, also das 25- fache deiner Ausgaben als Vermögensziel, hast du mit diesem Werkzeug eine wunderbare Übersicht deiner Vermögenswerte neben deiner Ein- und Ausgänge, die separat in einem Haushaltsbuch geführt werden sollten.

(Diagrammansicht in Portfolio Performance)

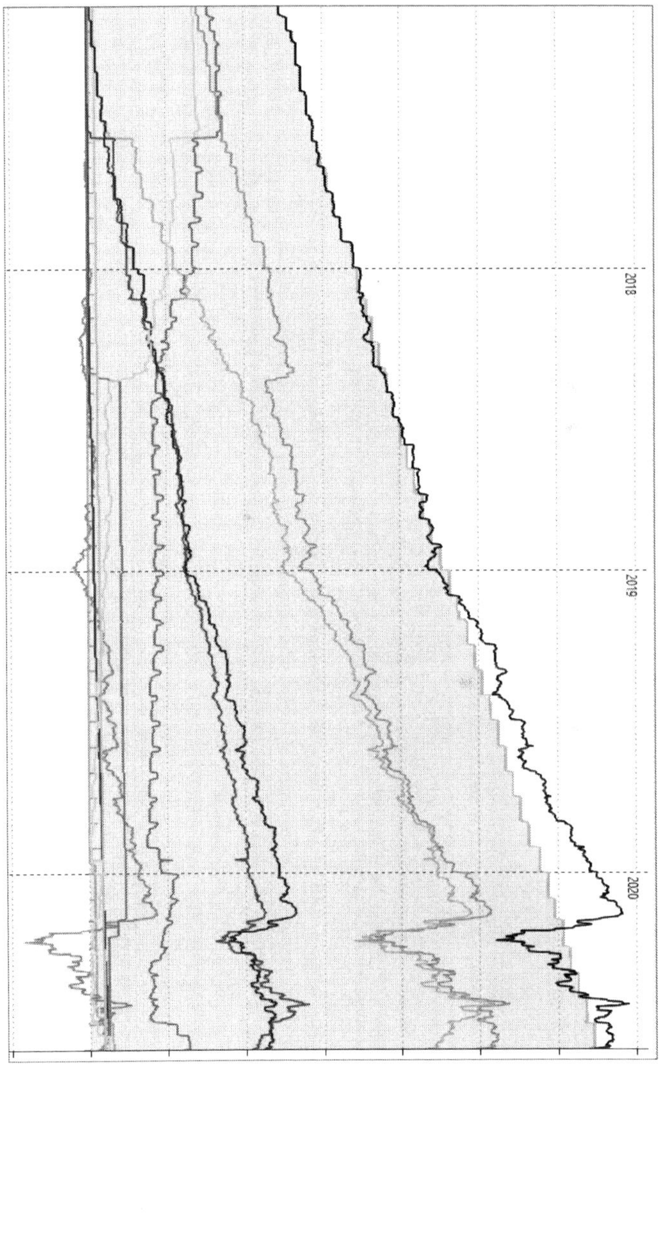

(Kuchenansicht eines größeren Beispieldepots nach Regionen mit Dividendentitel und Gold)

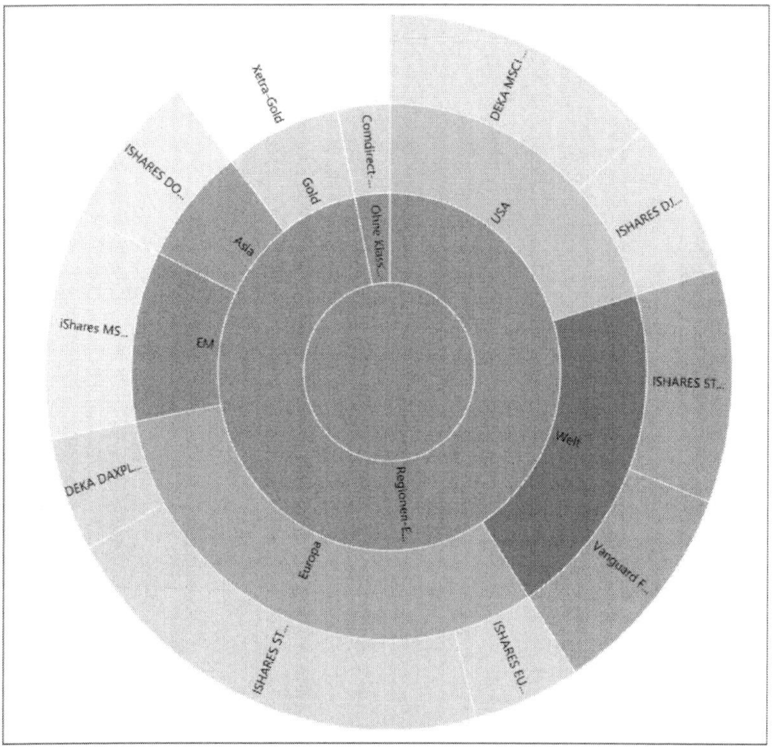

(Beispiel einer Dividendenansicht über mehrere Jahre)

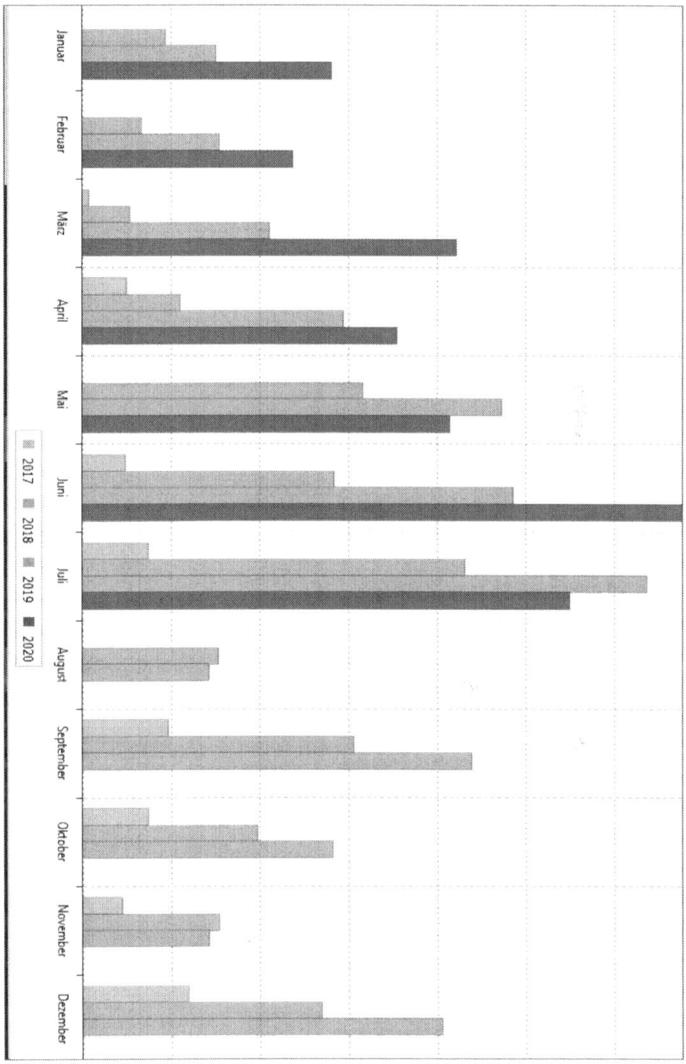

Staatliche Rente

Das durchschnittliche Bruttoarbeitsentgelt aller Versicherten stellt die Bundesregierung mit Zustimmung des Bundesrates fest. Dabei stützt sie sich auf die Daten, die das statistische Bundesamt erhebt. Aktuell beträgt das jährliche vorläufige Durchschnittseinkommen 40.551 Euro. (Stand: 2020)

Wer diesen Lohn im Jahr verdient, bekommt einen Rentenpunkt für das Jahr gutgeschrieben.

Die stattliche Rente errechnet sich folgendermaßen:

Rentenformel für die Altersrente: Monatliche Rentenhöhe =

Entgeltpunkte × Zugangsfaktor × aktueller Rentenwert × Rentenartfaktor

Zugangsfaktor:

Wenn weder Zu-noch Abschläge aus unterschiedlichsten Gründen zu erwarten sind, beträgt der Zugangsfaktor 1.

Aktueller Rentenwert:

Der aktuelle Rentenwert (Ost) beträgt zurzeit 33,23 Euro, der aktuelle Rentenwert („West“) beträgt zurzeit 34,19 Euro. (Stand: 2020)

Rentenartfaktor:

Dieser Faktor bestimmt die Höhe der Rente je nach Rentenart.

Tabelle 1: Rentenartfaktoren

Renten wegen Alters	1,0
Renten wegen teilweiser Erwerbsminderung	0,5
Renten wegen voller Erwerbsminderung	1,0
Erziehungsrenten	1,0
kleine Witwenrenten und kleine Witwerrenten bis zum Ende des dritten Kalendermonats nach Ablauf des Monats, in dem der Ehepartner gestorben ist („Sterbevierteljahr“)	1,0
anschließend	0,25
große Witwenrenten und große Witwerrenten bis zum Ende des dritten Kalendermonats nach Ablauf des Monats, in dem der Ehepartner gestorben ist („Sterbevierteljahr“)	1,0
anschließend	0,55*
Halbwaisenrenten	0,1
Vollwaisenrenten	0,2

* Der Rentenartfaktor beträgt 0,6 beziehungsweise 60 Prozent, wenn der Ehepartner vor dem 1. Januar 2002 gestorben ist oder – bei späterem Todesfall – wenn die Ehe vor dem 1. Januar 2002 geschlossen wurde und mindestens ein Ehepartner vor dem 2. Januar 1962 geboren ist.

Renteninformation

Die Renteninformation kommt in der Regel jährlich ab dem 27. Lebensjahr per Post. Die folgenden Werte sind darauf ersichtlich:

- **Rente wegen voller Erwerbsminderung**: die erste Zahl bezieht sich auf die Rente, die du erhältst, wenn du jetzt wegen gesundheitlichen Einschränkungen voll erwerbsgemindert bist.
- **Bisher erreichte Rentenanwartschaft**: Das ist die Rente, die du mit oben stehender Formel und bisher gesammelter Punkte bisher erwirtschaftet hast.

Höhe ihrer künftigen Regelaltersrente: Diesen Betrag an Bruttorente erhältst du, wenn du so weiter verdienst bis zur Regelaltersgrenze, so wie du im Schnitt der letzten 5 Jahre Gehalt bezogen hast. Bitte beachte, dass hiervon noch Sozialversicherungen abgezogen werden und ggfls. nach Renteneintrittsjahr dieser Betrag auch noch besteuert wird.

Rentenauskunft

Auch wenn du zeitlich noch weit von der gesetzlichen Rente entfernt bist, so kann es dir Ärger ersparen, auch in früheren Jahren eine Rentenauskunft zu beantragen. Bei der Renteninformation siehst du, wie gerade eben beschrieben einen kleinen Auszug, wie die Erwerbsminderungsrente, die aktuelle Anwartschaft und die mögliche künftige Rente.

Im Gegensatz dazu siehst du in der Rentenauskunft, was in den einzelnen Jahren wirklich passiert ist. Hier ist tabellarisch aufgelistet, wo du gearbeitet hast und wie viel durch deine Arbeitgeber abgeführt worden ist. Zum einen kannst du so deinen gesamten Versicherungsverlauf kontrollieren, denn Fehler passieren immer wieder, und zum anderen kannst du so Lücken feststellen, in denen du aber gearbeitet hast und Zahlungen stattgefunden haben, aber in deinem Rentenverlauf scheinbar nicht berücksichtigt worden sind.

Nimm dir für die Vergleiche deine Lohnauszüge und deine jährlichen Sozialversicherungsnachweise zur Hand und vergleiche die Zahlen selbst. Hin und wieder kann es hier zu Übergangs- oder Ausbildungszeiten zu Differenzen kommen, die du zeitnah klären solltest, bevor Jahre vergangen sind.

Empfehlungen

Zum Schluss möchte ich dir noch einige Empfehlungen geben, neben ein paar top Büchern im Bereich Geldanlage, Geld-mindset, auch noch Youtube-Channels, Podcasts, Facebook-Gruppen und diverse Webseiten, wo reichlich wertvolles Praxis-Wissen auf diesem Themengebiet vorhanden ist.

Bücher

Gottfried Heller
Der einfache Weg zum
WOHLSTAND
Mehr verdienen,
weniger riskieren
und besser schlafen
FBV

SOUVERÄN
INVESTIEREN
mit Indexfonds
& ETFs
Wie Privatanleger
das Spiel gegen
die Finanzbranche
gewinnen
GERD
KOMMER
campus

CARSTEN
MASCHMEYER
DIE
MILLIONÄRS
FORMEL
DER WEG ZUR FINANZIELLEN
UNABHÄNGIGKEIT
ARISTON

US-BESTSELLERAUTOR #1
TONY ROBBINS
»TONY IST EINE
NATURGEWALT.«
JOHN C. BOGLE
UNANGREIFBAR
DEINE STRATEGIE FÜR FINANZIELLE FREIHEIT
MIT PETER MALLOUK
FBV

Nr.-1-Bestsellerautor
TONY ROBBINS
New York Times BESTSELLER
MONEY
DIE 7 EINFACHEN SCHRITTE ZUR
FINANZIELLEN FREIHEIT
FBV

Youtube Channels

- Aktien mit Kopf
- Finanzfluss
- Talerbox
- Timschaefermedia
- Lars Hattwig
- Finanziell umdenken
- Homo Oeconomicus
- Mission Money
- Finanz-Kroko
- Finanziell frei mit 50
- Echtgeld.tv
- Bodo Schäfer
- Aktienfinder

Podcasts

- Aktien mit Kopf
- Aktien Podcast mit Nils
- Der Finanzwesir rockt
- Der Panzerknacker
- Finanzrocker
- Geldbildung
- Richtig reich
- Show me the Money Honey

- Zendepot

Facebook- Gruppen

- Dividendenfluss
- Aktien Wachstumsstrategie
- Finanzfluss Community
- Dividendenstrategie
- Aktien mit Kopf
- Tim Schäfer Media Group
- Die Mission Money Community
- Einkommensinvestoren
- Die Levermann Aktienstrategie
- Passiver Geldfluss Academy

Facebook- Seiten

- Bodo Schäfer
- Dirk Müller
- Dirk Kreuter
- Investment Punk
- Aktien mit Kopf
- Madame Moneypenny
- DividendenAdel
- Frugalisten
- Finanzrocker
- Dividenden-Alarm

- Finanzfluss
- Zendepot
- Rente mit Dividende
- Dividenden Wachstum
- JustETF
- Finanz-heldinnen
- AlleAktien
- Extra-Magazin
- MyDividends
- Dividendeneinkommen
- Talerbox
- Freaky Finance
- Dividendenfluss
- Finanzblogroll
- Finanziell frei mit 30
- Portfolio Performance
- Beziehungs-Investoren
- Der Privatier
- Finanzsenf
- Finanzdiva
- Finanziell umdenken
- Mission Rendite
- Passiver Geldfluss Academy

- Finanzglück
- Exstudentin
- Easydividend.net
- Klunkerchen
- Finanzfisch
- Thomas der Sparkojote
- Geldchallange
- Zinskraft
- Krawattenlos
- Bergfahrten
- FYoumoney
- Geldschnurrbart
- Freiheitsmaschine
- Finanzen mit Plan
- Finazmixerin
- Jung in Rente

Interessante Webseiten

- freiheitsmaschine.com
- frugalisten.de
- aktienfinder.net
- ariva.de
- nasdaq.com
- justetf.com

- extraetf.com
- Rente-mit-dividende.de
- Der-privatier.com
- Dividend.com
- Frei-mit-42.de
- Finanzrocker.net
- Timschaefermedia.com
- Wachstumswerte.net

Fazit

Wenn du wirklich etwas bewegen willst und mehr Geld zur Verfügung haben möchtest, kannst du mit den dir hier gelieferten Tipps sofort loslegen. Es sind keine Theorien, sondern Dinge, die du in deinem Alltag sofort anwenden kannst. Sei es die Erfassung deiner kompletten Ausgaben mit dem oben gelieferten Beispiel eines einfach erstellten Haushaltsbuches in Excel bis hin zur Erstellung deiner Steuererklärung. Die Kombination aus sparsamen Umgang mit deinen Ressourcen Zuhause, auf der Arbeit, die geplante und strukturierte Weise einkaufen zu gehen, Sparmaßnahmen direkt in deinen eigenen 4 Wänden umzusetzen bis hin zu einem Nebenjob, werden es dir ermöglichen, mehrere hundert € pro Monat Netto mehr in der Tasche zu haben. Was allerdings nicht heißen muss, dass du sie dann ausgeben musst.

Durchbreche den Hamsterrad-Kreislauf und erhöhe nur bedingt deinen Lebensstandard synchron mit den dir zur Verfügung stehenden finanziellen Mitteln. Es ist eine Wohltat monatliche Kosten, die relativ fix sind, so gering wie möglich zu halten, ein finanzielles Notpolster in Höhe von rund 6 Monatsausgaben zu haben und unerwartete Reparaturen oder dringend notwendige Anschaffungen problemlos bewerkstelligen zu können. Angenommen du verlierst deinen Job und das Arbeitslosengeld reicht nicht, dann bist du in der komfortablen Lage von deinen Sparreserven zehren zu können ohne deinen Lebensstandard massiv einschränken zu müssen.

So hast du die Möglichkeit, dich neu zu sortieren, ohne unangenehme Gespräche mit der Bank, wegen eines anstehenden Kredites oder eines überzogenen Dispokredites, führen zu müssen. Diese entspannte finanzielle Stabilität gibt dir in mehreren Lebensbereichen Ruhe, Zufriedenheit, die Möglichkeit handlungsfähig zu bleiben und eine gesunde Beziehung zu führen mit einem Partner, denn Geld ist Trennungsgrund Nummer 1.

Wenn du den gängigen Vorurteilen folgst wie: Geld stinkt, Geld ist nicht wichtig, dann darfst du nicht denken, dass es gerne bei dir bleibt oder denkst du, dass dein Partner lange bei dir bleibt, wenn du schlecht mit ihm umgehst? Siehe es, als was Positives an Geld zu haben für die Freiheit und Zufriedenheit in deinem Leben, womit du dir auch mal was Gutes tun kannst, anstatt nur aus dem Mangel heraus zu denken.

Ich hoffe, dass ich dir mit den relativ kurzweiligen Tipps schnelle, praktische Anregungen für dein Leben geben konnte, die deine Situation in den nächsten Tagen bis Wochen maßgeblich ändern können, wenn du es nur willst, indem du die in diesem Buch angesprochenen Punkte beherzigst in der Reihenfolge:

- Geldfluss unter Kontrolle bekommen mittels Haushaltsbuch
- Ziele setzen
- Einsparmöglichkeiten suchen und umsetzen / Hinzuverdienste aufbauen
- Schulden abzahlen
- Rückstellungen für Notpolster bilden
- Langfristige Anlagen tätigen / Vermögenshöhe und Ziele überwachen

Sollte dir der Ratgeber gefallen haben und deiner finanziellen Situation nachhaltig dienlich gewesen sein, würde ich mich über eine Bewertung freuen.

Haftungsausschluss

Die Benutzung dieses Buches und die Umsetzung der darin enthaltenen Informationen erfolgt ausdrücklich auf eigenes Risiko. Haftungsansprüche gegen den Verlag und den Autor für Schäden materieller oder ideeller Art, die durch die Nutzung oder Nichtnutzung der Informationen bzw. durch die Nutzung fehlerhafter und/oder unvollständiger Informationen verursacht wurden, sind grundsätzlich ausgeschlossen. Rechts- und Schadenersatzansprüche sind daher ausgeschlossen.

Das Werk inklusive aller Inhalte wurde unter größter Sorgfalt erarbeitet. Der Verlag und der Autor übernimmt jedoch keine Gewähr für die Aktualität, Korrektheit, Vollständigkeit und Qualität der bereitgestellten Informationen. Druckfehler und Falschinformationen können nicht vollständig ausgeschlossen werden. Der Verlag und auch der Autor übernehmen keine Haftung für die Aktualität, Richtigkeit und Vollständigkeit der Inhalte des Buches, ebenso nicht für Druckfehler.

Es kann keine juristische Verantwortung sowie Haftung in irgendeiner Form für fehlerhafte Angaben und daraus entstandenen Folgen vom Verlag bzw. Autor übernommen werden. Für die Inhalte von den in diesem Buch abgedruckten Internetseiten sind ausschließlich die Betreiber der jeweiligen Internetseiten verantwortlich. Der Verlag und der Autor haben keinen Einfluss auf Gestaltung und Inhalte fremder Internetseiten. Verlag und Autor distanzieren sich daher von allen fremden Inhalten. Zum Zeitpunkt der Verwendung waren keinerlei illegalen Inhalte auf den Webseiten vorhanden. Insbesondere stellt dieses Buch keine Hilfeleistung in Steuersachen im Sinne des Steuerberatungsgesetzes dar und ersetzt auch keinen Steuer- oder Anlage-Berater.

Dieses Buch hat den Zweck die einschlägigen Gesetze aufzuzeigen und zu erläutern. Teilweise sind die Gesetze auch auf Grundlage der Meinung des Autors interpretiert und können anders ausgelegt werden.

Printed in Poland
by Amazon Fulfillment
Poland Sp. z o.o., Wrocław

45850068R00069